曾仕强谈人生智慧

圆融的
职场之道

|精华版| 曾仕强 著

图书在版编目（CIP）数据

圆融的职场之道：精华版 / 曾仕强著 . —北京：北京联合出版公司，2024.7
 ISBN 978-7-5596-7662-7

Ⅰ.①圆… Ⅱ.①曾… Ⅲ.①职业选择 Ⅳ.①C913.2

中国国家版本馆 CIP 数据核字（2024）第 105611 号

圆融的职场之道：精华版

作　　者：曾仕强
出 品 人：赵红仕
选题策划：北京时代光华图书有限公司
责任编辑：李艳芬
特约编辑：李淼淼
封面设计：柏拉图

北京联合出版公司出版
（北京市西城区德外大街 83 号楼 9 层　100088）
北京时代光华图书有限公司发行
涿州市京南印刷厂印刷　　新华书店经销
字数 134 千字　　880 毫米 × 1230 毫米　　1/32　　7 印张
2024 年 7 月第 1 版　　2024 年 7 月第 1 次印刷
ISBN 978-7-5596-7662-7
定价：58.00 元

版权所有，侵权必究
未经书面许可，不得以任何方式转载、复制、翻印本书部分或全部内容
本书若有质量问题，请与本社图书销售中心联系调换。电话：010-82894445

前　言　被领导是领导的基础

第一章　做有准备的下属

选择值得付出的领导 / 003

做有准备的下属 / 009

下属也要有面子 / 016

要学会卖力而不卖命 / 026

第二章　与领导建立和谐关系

奉行交互主义，彼此理解 / 033

正确认识合理的不平等 / 039

讨好领导是不明智之举 / 046

不要冒犯领导的私人领地 / 050

第三章 领会领导的真实意图

中国人有意见不会直接表达 / 057

巧妙探询领导心中真实想法 / 064

学会站在领导的立场想问题 / 069

第四章 正确处理领导的命令

合理地阳奉阴违 / 075

听与不听的拿捏 / 079

执行命令慢半拍 / 082

有所为有所不为 / 086

第五章 达到领导期望的目标

做好领导交办之事 / 095

多沟通还是多请示 / 099

有了错误善于补过 / 107

第六章 获得授权时做好本分

多承担责任，少争权力 / 115

不越权，不弄权，不失职 / 119

时时汇报，让领导放心 / 124

防止领导上侵下职 / 128

第七章 协助领导管理好下属

替领导管好下属 / 137

学会平衡情理法 / 140

与领导默契配合 / 146

协调上下级关系 / 150

第八章 同级之间能分工协作

同级之间分工不同，目标一致 / 161

与同级和睦相处，老板才放心 / 167

领导若区别对待，要泰然处之 / 175

有能力时真心帮助其他同级 / 180

第九章 干部的自我提升

不断地修身养性 / 187

获得下属的支持 / 195

赢得领导的认同 / 199

与领导共同晋升 / 202

前言

被领导是领导的基础

管理不是管人,而是管事、管物,管人以外的资源。如果把人当成管理对象,视同财力、机械、方法、物料、市场、信息、环境等,就相当于把人当成了物,严重违反了人性。人和动物最大的不同,就在于人有高度的自主性、创造性。人性需要受到尊重,如果把人当作一种资源,人就丧失了自主性,就没有尊严,这实在是一种大不敬。

敬就是给面子,中国人最要紧的就是面子,最不喜欢被人家管。你不管我,我可能还多做一点;你越想管我,我就越偷懒,最后把你气死。所以,把人,特别是把中国人当成管理对象,只会自找倒霉。管理要有效,一定要符合中国人的人性需求。

中国式管理的主体是人。在企业中，我们要把人摆在第一位。若能找到合适的人，就可以使企业发展壮大；找不到可靠的人，一切免谈。当企业中的人越来越多，我们就要想办法将人分门别类，比如按工作内容的不同，可分为财务人员、销售人员、行政人员等。随着企业规模的进一步扩大，对人的划分就会越来越细，因为人的管理范围是有限的。坦白地讲，一个人最多只能同时管七个人，多了就管不了，这在管理学上叫作"管理幅度"。超过管理幅度，管理就要出问题，因为凡是看得见的东西都可以造假：你相信报表，他就用报表来骗你；你相信业绩，他就用业绩来骗你。

为了使管理有效率，企业就形成了各种各样的管理结构。无论是哪种组织结构，从表面上看，普通员工都处在被领导的地位，老板和各级干部处于领导者的地位。其实，所谓的被领导的地位是相对于领导的地位而言的，一般可以分为绝对的被领导地位与相对的被领导地位。在企业中，处在绝对的被领导地位的人占大多数，他们没有任何领导职务和责任，也不掌握权力，完全接受别人的领导；而有些人既处在领导的地位，又处在被领导的地位，即我们所说的干部，对下属而言，他们居于领导地位，对老板而言，他们则处在被领导的地位。企业的老板，从职级上讲，他们居于绝对的领导地位，因为在企业中，没有人可以对他们直接下命令，但事实上，他们也要受其他因素的控制，如市场环境、法律法规、自然条件的限制等，从这个角度分析，他们也处在被领导的地位。本书所说的被领导者则包含了干部和其他普通员工。

平日里大家大多更为关注领导的艺术，将领导的艺术摆在第一位，领导者跟被领导者不是两种不同的身份，而是同一个人的两种角色，也就是说，任何一个人，不管在什么行业，担任什么职位，都可能同时充当领导者和被领导者两种角色。一个领导者如果能够意识到自己同时具备被领导者的角色，他会觉得负担一下子减轻很多；但仅仅认识到自己的被领导者角色还不够，真正会领导的人不会把自己当作领导者，他们会"无为而治"。

很多人现在一听到"无为"就觉得是道家的思想，换言之，他们觉得只有信奉道家思想的人，才需要做到"无为"，这是很粗浅的看法。无为，并非字面上的意思，很多人将其解释为"什么都不做"，这其实是错误的。无为是指：我明明是领导者，但是会站在被领导者的立场来领导。这与前一种解释完全不一样。另外，我还要特别加上两个字——艺术。一般人都认为"无为"是一种行为态度，或觉得是一种作风，实际上，那是一种"被领导的艺术"。任何东西，如果没有达到艺术的层次，吃亏的是你自己，受苦的是跟着你的人。

学会被领导的相关方法才能当好领导者。每一个人几乎都在领导别人的同时接受别人的领导，所以，我们最好先学习如何接受领导，然后学习如何领导别人。可以说，只有当好下属，才有可能真正地当好领导。组织中最可怕的人，是那些既不能命令又不受命的害群之马，一方面这些人无法领导他人，另一方面他们也不接受他人的领导。他们既不是好的领导者，又不是好的被领导者，最终什么都不是。

为了兼顾领导和被领导，干部必须适时调整自己的位置，随时重新定位，以维持上下级之间或平级之间的人和事，首先学会当下属，然后才能当好领导。

领导者和被领导者的人格基本上是平等的，但是地位基本上是不平等的，这谁都不能否认。《大学》中讲："所恶于上，毋以使下；所恶于下，毋以事上；所恶于前，毋以先后；所恶于后，毋以从前；所恶于右，毋以交于左；所恶于左，毋以交于右。"意思是：上面的人对我这样做，我很不高兴，就不要用这种态度去对我下面的人；下面的人对我这样的态度，我一肚子火，就不要用这种态度去对我上面的人；前面的人对我这样的态度，我一肚子火，就不要用这种态度去对我后面的人；后面的人对我这样的态度，我一肚子火，就不要用这种态度去对我前面的人；右边的人对我这种态度，我很不高兴，就不要用这种态度去对我左边的人；左边的人对我这种态度，我很不高兴，就不要用这种态度去对我右边的人。其实这段话用四个字——将心比心，就可以完全概括了。从现在开始，不管是领导者还是被领导者，都要站在他人的立场上进行思考。

领导者和被领导者扮演着不同的角色，二者之间要以"礼"相待，而"礼"就是我们现代人所说的"角色期待"。每个组织成员都应该秉持"己所不欲，勿施于人"的原则，按照自己应有的角色期待，好好地扮演自己的角色，便是合乎礼的表现。领导者和被领导者应该互信互谅，奠定互助合作的良好基础，才能进一步以"絜矩之道"来促进协同一致的组织力量，并把组织的合力提升到最高水平。

我们常讲"将心比心"，这话说起来容易，做起来相当困难。一般的人，从小都是只知道"自己"，不知道"别人"。你看，小孩子一看到东西就抓来自己吃，不会给别人吃。所以说，好多人是相当自我的，只照顾利害关系，只想到自己的方便，不太考虑别人。所以，我们要记住儒家最了不起的"推"，一定要学会推己及人——想完自己，再推出去想别人。

不管是领导者还是被领导者，都要互信互谅，彼此站在不同的立场，互相包容，互相尊重。这样，事情才能做得好，而且做事的过程才不会草率，这样的艺术才可以长期有效。干部也要多看、多想，做好自己的事情，尽自己的责任。

第一章
做有准备的下属

选择值得付出的领导

我们经常会听到一句英文——Are you ready？

一般人对"Are you ready？"的认识非常粗浅，认为这句话译成中文就是"你准备好了吗？"。这个翻译实在是太糟糕了！我认为，这句话应该翻译成"你心中有数吗？"，这才符合中国人的心理。

外国人很难理解"心中有数"，到底什么是"数"？我们中国人常说，"你要称称自己的斤两"。比如，身为打工族，你要不要选老板？如果你马上回答了这个问题，不管答案是什么，你都会吃大亏。对于这样的问题，我们中国人往往不回应。因为"要不要选老板"并不重要，你"有没有资格选老板"才比较重要。所以说，对于选老板，你心里有数吗？你凭什么选老板？当老板连看都不看你一眼的时候，你又选什么老板？

现在很多年轻人，尤其是大学刚毕业的年轻人总在抱怨找不到合适的工作，其实这是因为他们的两只眼睛都长在头上，根本没有"看懂"自己。老板看到这样的人，就像看到妖怪一样，避之不及。在这种情况下，你还想选老板？老板根本不让你选！

有些年轻人进入社会，刚混上个五六年就没有老板可选了，有些干部也会遇到这种情况，这种人是非常可怜的。

相对地，很多当老板的人并不像老板。我曾经问过一些看上去不像老板的人："你哪来的那么大的兴趣当老板？"他们的回答通常是："中国人是最喜欢当老板的。"其实，这些人受害了，受了这句话的害，他们自己并没有搞清楚状况，一看到处都是老板，就想当然地认为中国人喜欢当老板。我常常对这样的人说："不要听信那句话，不要认为中国人喜欢当老板。你之所以当老板，不是因为喜欢，而是你很无奈，没有办法，非当老板不可。你年纪轻轻，就把自己搞到一辈子也找不到老板，把路走绝了，这是很辛苦的。"

年轻人不要以为自己手里攥着一张文凭，就鼻孔朝天，认为自己了不起了。事实上，当你去应聘的时候，文凭是最不值钱的。因为每个人手里都有一张文凭，你不是特殊的。而且文凭比你高的人，有的是。

如果一个年轻人明确地认识到，自己刚开始时是没有资格选老板的,那他就会比较谦虚,会珍惜每个工作机会。这样的人,才有选择老板的资格。

很多年轻人第一次去应聘的时候,就一直在说公司这样不好,那样不对。请认清楚:你是来挑战的,不是来捣蛋的。老板看到这样的人,肯定不要。这种人就是眼高手低,老是抱怨社会,觉得老板不会识人;其实,他们更应该反求诸己,自我检讨,好好问问自己:"Are you ready?"心中有数的人不会做出这种自毁前途的事。今天的年轻人一定要小心,因为年轻人往往不了解自己;不了解自己,又怎么能应付各种不同的场面?而有的干部认为自己有经验,肯定不会犯这种错误,可还会出错。这时,干部也要问问自己是否做好当干部的准备了。

当你真的准备好了,你就可以选择老板,当然要站在不选的立场来选。中国有一句老话:"年轻慎择师,年老慎择徒。"年轻的时候,最需要的是老师的教诲,如果找错人,问道于盲,会害自己一辈子;年老的时候,人们最大的希望就在于把自己毕生的经验传授下去,若是传错了人,自己的学问被曲解了或者被用在了不当的地方,也会遗臭万年,伤害自己。年轻人走上社会以后,老板可以算得上一个重要的老师。慎择师,也包括谨慎地选择老板,因为你可能追随他一生,就算你中途离开,那他的行事作风也可能影响你一辈子。但是这种选择不是一开始就决定的,在进入社会的前五年，只要有机会进入一家公司，就不要计较行业、职位和薪金——这五年就是给你的选择做准备。在这五年之内，你可以多进入几家公司，多学习，多观察，看看你究竟适合做什么。

现在，很多人想跳槽时，往往没有长远考虑，只是关心起跳价，这样的想法实在是太粗浅了！即使起跳价很高，那又有什么用？要站得高才有用！你要让别人感觉到你的优点，要让他们认为你是一个不挑剔、很随和的人，这才是最大的优势。你如果跳来跳去，即使待遇越来越好，但留下的都是骂名，那就得不偿失了。

这年头找老板不容易，但其实老板找人才更难。我问过很多老板："你干吗那么辛苦？"他们往往会无奈地回答："没办法。我也不想是劳碌命，我也想清闲一点，但是不行啊，我找不到人！"

中国求职的人有很多，求职的人要是排队，不晓得会排多长，但老板们就是找不到可用之人。这是为什么？就是因为这些人没有一个能真正做到心中有数。要想心中有数，年轻人必须设定好自己的前五年，要有一种"前五年我哪里都可以去"的想法，因为这五年是人的一生中最自由的五年，过了这五年，自由就会慢慢远去。

很多人说，你不能跳槽，跳槽是不忠诚的；但也有很多人鼓励你跳槽，他们认为，你找到好机会就可以走。其实，年轻人刚刚踏入社会，前五年不必死守一家公司，不必有所顾虑。一个人只有工作的前五年有机会跳槽，过了五年之后再跳槽，人家就会怀疑你，认为你不忠诚。前五年你在不同的公司跳来跳去，人家反而会觉得你这个人不错，敢于到处去尝试。因此年轻人要尽量在五年内找到真正适合自己，可以全力投入、好好奉献的公司。

为什么将这个时间定为五年？一个年轻人刚刚就业，谈不上什么年资，跳槽并不可惜，而且年纪轻的人多数尚未成家，负担较轻，跳一跳无所谓。要把五年当作目标期限，不时提醒自己：我只有五年的时间可以自由地跳槽，五年以后，年资愈来愈重要，并且成家后应该早日安定下来，专心投入工作，才能有较大的成绩。

什么是人生？人生其实就是从"求人"慢慢地走到"不求人"。年轻人不要幻想一走入社会就可以不求人，必须先求人，慢慢地，才可以做到待价而沽。这时，因为你要为老板尽力，所以要挑老板，但这也就意味着你的下半辈子要跟他一起过，他一完你也跟着完了。当然，只有有了这样的心态才值得去挑，否则也不用如此费心费力。

我们反对为钱跳槽，更反对盲目跳槽，但是我们鼓励为理想而跳槽。当你选定一家公司之后，就要抱着"既然这家公司是我自己找的，就应把它当作自己的家，好好地学习，努力地工作"的决心，绝对不可以"在其位，却不谋其政"，浪费自己的生命，也拖垮公司的前程。比如诸葛亮，他选择了刘备，并感谢刘备给他提供了一个机会。如果他一生都碰不到刘备，很可能就会默默无闻，终老家乡。

所以我常说，像诸葛亮这样的人并不稀奇，世世代代都有，难得的是他能碰到刘备。所以是刘备了不起，而不是诸葛亮了不起。要不人们怎么说"三个臭皮匠顶个诸葛亮"呢？其实到处都有诸葛亮，就是这些诸葛亮运气不好，没有碰到刘备罢了。

诸葛亮遇上了刘备，觉得很不好意思：刘备对我这么好，全力支持我，完全将权力授予我，我怎么能不全力以赴呢？所以诸葛亮也为刘备鞠躬尽瘁，死而后已。如果诸葛亮没有碰到刘备，他也就不用那么卖力，更不用全力以赴，只要尽力而为就可以了。

但全力以赴不等同于事必躬亲。诸葛亮过分操劳，很不幸，54岁就去世了。所以说，他的别的优点都值得学，就是事必躬亲这一点千万不能学，什么事都自己处理，最后只能把自己累死。

五年，是一个目标，也是一个坎儿。若是一辈子都在选择明主，也很不妥当。所以我建议，一定要用心善择明主，然后全心投入。年纪稍长时，便应该专心一意，不再跳槽。若是一而再再而三地跳槽，一直找不到明主，则表示自己的眼光不行，机运欠佳。这时候不如沉淀下来，反而有助于提升自我；或是不要担任重要职务，能糊口便是。过于频繁地跳槽只会坏了自己的名声，并无多大好处。

做有准备的下属

每一个人都要了解自己，而且要把自己放在被领导的地位来思考，分析自己。比如，我是否具有应变能力？为什么一些名牌大学的高才生的成绩单都很漂亮，却找不到工作，反而那些老板一开口就说自己没文化。没有文化的人当老板，这才是我们现在应该深刻反思的。

为了找到合适的老板，你要做好充分的准备。所谓良禽择木而栖，你要首先是良禽才行。作为一个干部，你更要知道，取得成绩必须靠自己，要努力学习，时时刻刻修正自己的思想言行，时时刻刻在工作中收获良言。只有将自身修炼到最佳状态，才能够在关键时刻绽放异彩，获得重用。所以说，被领导者必须做好准备，使自己具备三个基本条件。

第一个条件，要跟老板处得好。

这其实就是"你心中有我，我心中有你"，其他的都不重要。双方靠内心相维系，应变力就会很强，如果一切都依法办理，结果就不知会如何了。虽说中国并非没有法的国家，但却更崇尚"有法中无法，无法中有法"，就是有标准又好像没有标准,没有标准又好像有标准。所以中国人要会应变。

令人遗憾的是,现在整个社会都很重视学习,但一旦学到了,就会变成死脑筋,"你一定要这样""你一定要那样",这都不是中国人的思想。

其实,一个人最要紧的是忠诚。西方人很尊崇对工作的忠诚,却缺乏对人的忠诚;而中国人不容许你对公司不忠诚,更不容许你对领导不忠诚。同样的忠诚,中国人是对人,西方人是对事。所以,被领导者一定要忠诚。但仅有忠诚还不够,还要持久。忠诚不持久,就是人们最讨厌的——叛变。

你问一个中国老板,用人的原则是什么。他会先说没有什么,然后告诉你肯干就好,他不会讲品德,没有人会讲品德,也没有人会讲人力。如果做学问的人是用西方的态度,他一辈子都做不好学问。现在很多人就吃这个亏,因为别人回答肯干就好,那他觉得这个就是答案。

这哪里是答案?中国人讲话,不会把真正最要紧的说出来,因为我们是讲给一帮人听的。外行人一听,肯干就好,他就去埋头苦干了。对这种人,根本不用讲道理。

若进一步问,难道不需要能干吗?他会说,当然要能干,不能干,肯干有什么用?

这是非常妙的。你如果认为,中国人肯干又能干就好,那又错了。所以中国人做学问,自己心里也要有数。因为你再去问老板,忠诚要不要紧,他的答案更有趣:这个不用说的嘛。不用说的才是最重要的。

我觉得现在很多做学问的人，根本参不透这些东西，他们一辈子做了什么学问，我真的不知道。那是很可怜的。但是他们又很喜欢发表论文，写了很多书，骗了很多人。很多人容易上当，一看到这些理论，就认为对，而认为对就完了。

真正的道理中国人是不会说的，因为这东西是不能说的。没有一个老板会跟他的干部说，我在乎你心中有没有我；也没有一个干部敢去跟老板这样说："报告老板，我的心中有你的存在。"那肉麻极了。

所以我们常讲一句话——"只能做不能说"，这就很奇妙，这就叫艺术。

你要记住我这句话，就是我们不相信任何人的话，只相信自己的感觉。西方人不懂这套，你说的、他说的、我说的，引经据典写一大堆。中国人不引经据典，要引只引一个人——孔子，甚至连孔子的"孔"都省掉，"子曰"，就解决了。

所以，当老板强调肯干的时候，一定要以忠诚、能干为前提，这样，肯干才有意义。肯干是一个人合理地表现自己的能力。一个人如果很莽撞，没有关注别人的存在，就会无形中得罪很多人。肯干必须以能干为前提，不能干的人，他越肯干你越怕，因为他一动，事情就全乱套了。领导者最怕那些不能干却肯干的人。

因此，我们要成为领导者心目中忠诚、持久、能干而又肯干的人，才能与领导者搞好关系。领导者往往需要纯真的人，需要那些可以同甘共苦、共患难的人。事业发展顺利的时候，能够和谐相处；碰到难题，也不会拔腿就跑。但要注意，领导者最关心的不是自己的员工有没有努力，而是有没有用心。西方人只要努力就够了，因为西方人认为，看得见的部分才算数，有没有用心是看不见的。但中国人不一样，会专门从看不见的部分去琢磨一个人，会看你的诚意，而不是嘴巴讲的话。

第二个条件，要有机动能力。

下属不能一味讨好领导者。如果一个下属不停地讨好自己的上司，常常问："老板，有没有什么要紧的事情要我去办？"这样，上司迟早会怕他，会坐立不安。所以说，你要得罪中国人，你就完了；你要讨好中国人，你也完了。这就是最有趣的一点，我们要有平常心，要有机动能力。

什么是平常心？平常心就是该做的会去做；不该做的不主动去做，除非领导要你做。被领导者不能像美国人一样说"这不是我的事情"，中国人是守本分的，如果没有特别的吩咐，就照本分去做；如果有特别的吩咐，那就帮人家一个忙。所以我们常常把这个人调去支援，把那个人调来协助。扯来扯去，我们无所谓，但是之后要回归建制，这就叫应变，也叫有机动能力。

要记住一句话：人是老的好。老并不是指年纪大，而是指长期相处。长期相处的人比较了解你，能够随时补漏洞，能看菜吃饭、看人办事，有机动处理事情的能力。

第三个条件，有功不要求赏。

现在有一些干部会吃亏，就是因为他们有功就要有赏，他们认为自己表现好了，老板就要照顾他们。其实，真正了解中国老板心思的人就会明白：老板要是想给赏，再多也会给；你主动向老板要，他顶多给一点点。

老板给的叫赏，你自己要来的，那不叫赏。

你要是学西方，觉得自己该要的就向领导要，那是会吃亏的。老板心里有数，他们往往会更喜欢那些没有伸手索要的人。

不仅是干部，员工也应该用以上三个条件，多充实自己，这样才能获得领导者赏识。充实，不一定指多学几门知识、多掌握几门技能。有很多人一听到充实自己就想到才能方面，学营销的去学习技术，学财务的再去学点管理……其实大家要明白一点，几千年来，无论中国人发生什么变化，始终奉行"德本才末"的理念，也就是老板不明言的部分，这一点弥足珍贵。

要想得到重用，首先要具有德行。中国人在评价一个人的时候，往往不是看其出身，而是看其选择，看其价值标准。虽然英雄不问出身，但你是选择做吕布，还是选择做赵云，结果就大不相同了。你的价值标准正确，领导才会进一步看你是否有才干。现在的干部或年轻人想充实自己，就会学这个学那个，考了一堆的证书，其实这并不是获得赏识的根本——证书是死的，人是活的，只有你本身获得肯定，那些证书才有意义。这就是中西方的不同之处：西方企业在用人的时候，往往关注"你学了什么课程"；而中国企业在用人的时候，并不十分关注你学了什么，反而关注你在哪儿学的。你的学校、你的导师、你的校友就是你的第一个资源，这些资源反映了你将会怎么看问题，怎么选择。

中国人相信人会不断成长，员工进入公司以后如果不能成长，就会让其离开，如果能成长，就不太在乎其学历。包括干部在内的被领导者想成长，就要多些历练，历练才能开阔眼界、增长知识、积累经验，应付各种各样的困难。历练和经历不一样，历练是要吃一些苦的。"不知民间疾苦"，就很难体会成功的重要性。中国有句话叫"吃得苦中苦，方为人上人"，说的就是这个道理。我们说年轻人刚择业时，不必太在乎金钱，就是说这时候应该以历练为主。

积累了经验，你就有了坚决求去的本钱。如果连这点本钱都没有，就会被"欺负"，想跳槽也比较困难。每个人都要有一些他人所不及的长处，这样就算领导要换掉你，也会有所顾忌，怕找不到更适合的。

不断充实自己，等你慢慢变得优秀，领导自然会来找你。

所以年轻人不必着急，可以好好考虑自己的未来，充实自己的内心，思考如何才能赢得领导的重用。

我特别要提醒年轻人不要觉得自己年纪还小，有的是时间，先玩够了再考虑其他的问题。时间是最宝贵的，一去不复返，不能浪费任何一分钟。不浪费时间并不代表每一分每一秒都要有所收获。因为在你年轻的时候，时间还是有可能换不到钱的。你要学会期待，要慢慢地走向成功。要知道别人时时在注意你，必须按部就班地提升自己受赏识的程度。

案例

胡雪岩在充实自己这方面抓得很准。人们从乡下到了杭州后，一般来说，会先去看看西湖。可是胡雪岩整整三个月没有出去过一次。老板问他："你不想去西湖看看吗？"他说："想啊，不过以后有机会。我现在想学东西。"从此，老板对他另眼相待，这样的人上哪里去找？

胡雪岩除了工作以外，其他时间都在练字。他很有远见，立志当大老板，当大老板少不了要会写一手漂亮的字。他还喜欢读《三国演义》，因为他知道这是他和别人共同的话题。跟中国人聊天，你讲的内容，有人听得懂，有人没有兴趣，一讲到《三国演义》，大家就凑在一起，因为这是共同的语言。另外他爱听历史故事，因为他知道，中国的人情世故都在历史故事里面。这些都是将来他扩张业务最好的媒介。

下属也要有面子

西方人有一个最大的致命伤——喜欢分。他们做学问，总是喜欢一分为二，二分为四，四分为八……分到最后，每一个人的学问都支离破碎，孤立无援，之后只能拼命整合，却发现怎么也整合不起来。

包括干部在内的被领导者的脑海里要尽量减少分的观念，即使要分，也必须考虑合，若是合不起来，那么所有的分都是罪恶的。就像一个家，分家是大事，一旦分了之后，每一房有每一房的主张，谁也干预不了，这时即使他要变卖祖产，你也拿他没办法。

分是为了下一阶段的合，这样的分才是有价值的；如果是为了人们谋自己的私利，则会很糟糕。

所以，被领导者和老板若是合，双方都有利；若是分，被领导者一定会牺牲。被领导者怎么抗争，也争不过领导者，他若是把你"踢走"，你那时只能叫天天不应，叫地地不灵。

你尤其要注意，当你听到分的时候，要多想想以后的合，这样办事才能够比较周到。

被领导者若是能够和领导者合在一起，领导者就会看重他，觉得他很可靠，于是悉心栽培他，怎么栽培？有以下几个方式：

一是轮调。当一个员工被轮调的时候，不应该只想着：我又没有做错事，怎么又把我调到别的岗位？他应该感到开心，这是领导重视他的表现。很多员工完全误解了领导，因为领导不能公开说："我要栽培你，所以我让你多锻炼锻炼。"领导只能采取实际行动。

二是解决难题。一遇到困难，领导首先会派自己信任的人上阵，若是这时，你被点名，非你不可，你就有价值了。

三是制造机会。领导会找一些顾问，然后让员工与顾问对谈、交流，这是给你制造机会，而不是找麻烦，从顾问那里，年轻人可以吸取到一些新的、以前未接触过的东西。

以上行为，领导都不能明讲。这时，部分员工就会产生误解——"是不是因为我没有背景，所以他欺负我？""是不是因为我有能力，所以他拼命压榨我？我是不是装傻比较好？""他这么做，是不是准备把我赶走？"其实，这都是曲解了领导的好意。

案例

有一天下大雨，老板打电话给一个员工，问："你有空吗？"

老板这样问，年轻人不敢说自己没有空，所以毕恭毕敬地说："老板，您有什么吩咐？"

老板说："你来我家一趟吧！"

员工骑着摩托车往老板家里走，心里很纳闷，心想：雨这么大，你叫我去你家干什么？但他还是到了老板家。

老板在看电视，见他来了，也不打招呼。他有点不高兴，说："老板，我来了。"老板看了他一眼，又扭头看电视。

过了一会儿，他实在忍不住了，就说："老板，没有事的话，我要回去了。"

老板说："好，那你就回家吧。"

员工为这件事在心里咒骂了老板很久：这个老板完全是拿我开玩笑。他算什么！哪有资格当老板啊！

其实是这个员工错了，他的"警觉性"太差。如果换成我，去了就不会跟老板讲"我来了"，老板不问，我绝不会打扰他。当然，我也不能坐在那儿陪他看电视，那是自毁前程的举动。我会去陪他的孩子读书，辅导他的孩子做作业。反正都已经去了，为什么不做点正当、有意义的事情呢？你做了，老板自然会看到，看到以后，就极有可能对你另眼相待。

案例

我曾经在一个五星级饭店跟他们的总经理一起喝茶。

这个总经理指着前面的两个门童对我说:"你看,这两个人,左边这个将来是有前途的,右边那个不行!"

我问:"你怎么看出来的?我觉得他们的长相都差不多啊!"我故意语带调侃地发问,这能够得到他的回应。面对一个中国人,你如果一本正经地问他,他就可能不说。

总经理回答:"你仔细看看,右边那个人,没人的时候,他就在那里发呆,不会自己找事情做。左边这个人就不一样了!他口袋里面有块抹布,没事做的时候,他就东擦擦、西擦擦,当有人走过,他会留心观察、注意这些人。"

我问:"他这么做有什么用?"

总经理说:"某一天,有一个人急急忙忙跑到我们饭店,说自己有紧急的事情找他的老板,但是电话打不通,只能到饭店来找。大家都不知道他的老板是谁,结果左边那个门童就说,那个老板一个小时以前来过,后来去了某个地方——这个线索非常重要。"

说到这里,总经理笑了笑:"这样一来,我的饭店就因为他而得到了好口碑。"

如果左边这个门童脑子里有强烈的分的概念，认为老板没要求的就不管，饭店经营的好坏是老板的事，跟自己没有关系，那他就不会有突出的表现，也得不到总经理的认可。中国人常说，人在做，天在看。在一个企业中，"人"就是包括干部在内的被领导者，"天"就是领导者。你的所作所为，领导都会看在眼里，可能暂时不会有反馈，但是你的一言一行都会在领导那里形成一个印象，让他决定如何用你。

所以不必执着于权利与义务的观念。那是西方人的观念，并不适合我们。你有什么权利？你又尽了什么义务？权利和责任说清楚，是十分危险的事情。一般人对权利总是记得比较清楚，也会看得稍微膨胀一些，因此拥有权利的结果，不是"滥用权力"，便是"逾越权力"，这种"滥权""越权"的现象，使得中国人不敢轻易"授权"。相反，越清楚自己的责任的人，就越不敢负责，于是能推即推，能拖便拖，认为最好不要以自己绵薄的力量来承担这么重大的责任。

被领导者要是跟老板说："有事我负责。"老板就会觉得很可笑，你能负什么责？你讲得好听。还有很多人跟老板说："这是我的权利。"你若是将权利看得那么重，以后谁还敢给你权利？一些来自西方的观念，诸如权利、义务、人人平等，这些并不适合中国企业，你要是真信奉这些观念，就把自己害死了。

员工要多学习，但是学了知识以后，却把自己害死，这就得不偿失了。员工接受了西方人的管理思想以后，觉得要制度化，要按部就班，要分清权利和义务，每个人都很计较，心想：领同样的钱，为什么我要多做？他请假三天，我不能只请假两天，即使没有病，也要多请一天病假——这种事情越来越多了。这就是因为我们以前没有制度，而现在有，所以谁也不会动脑筋去想。以前都是老板说："你赶快回去，你发烧成这样还来？回去休息！"现在不一样，员工动不动就打电话请假，因为他觉得别人都请，自己没有请，就划不来。他的动机、心态全都变"坏"了。被领导者要是都这样想，只会路越走越窄。

还有些人认为自己进入一家公司，只是来工作的，领导者和被领导者之间只是分工不同而已，工作方面的事，可以听领导的，工作以外的事，谁都无权干涉，领导更不能命令自己做这做那。比如你的领导非常忙，经常下班以后还在外面应酬，有时会很晚才回公司处理事情，而且吩咐你等他，以免他有要事找你。可是你等了，他却未必有事找你，这种情况下你等还是不等？有的员工可能认为，下班后是我的私人时间，领导不应该占用，于是直截了当地拒绝。这样的人脑子里过于在乎分，公与私分得清清楚楚，其实在中国社会，公与私之间哪有那么明确的界限呢？当然也不是说，被领导者就需要无条件地服从领导者。有些人不敢反抗领导，但是一等再等，总会很生气，也很无奈，这种情绪难免会带到工作中。第一次等没有错，必须体谅领导的难处。但如果你每次都乖乖地等领导回来，领导并不会认为你敬业，反而会认为你的家庭不幸福，导致你不想回家，甚至会慢慢地怀疑你有什么企图，认为你是为了在公司上网、打电话、打游戏，而不是等他。那怎么办呢？再一再二不再三，第一次可以等，第二次也可以等，有第三次、第四次的话，可以给领导留言，说明自己本来一直在等，但是临时有急事，不得不先回去一趟，领导若有事随时给你打电话，你到时再回来。若有第五次、第六次的话，只要领导没有明确吩咐你必须等，那么直接回去就行了。

人都有保护自己的权利，但是没有顶撞对方的必要；不能大声地斥责对方，但要用行动来保护自己。被领导者应该客气地向领导者传达这样一个信息：你要用我可以，但不能太过分，否则我就辞职不干了。上下级之间经常会产生很多摩擦，如果被领导者经过长期的忍耐最后爆发，后果则很严重。正所谓"做人留一线，日后好相见"，工作关系很短暂，留下下次见面的情分才是永久的。

中国人常常是这样的，当他得罪你时，他心里会有些愧疚，但当你也翻脸时，他就不再觉得有愧了。比如在路上有人踩你一脚，你没说话，他可能会觉得踩了别人真不应该，但是你若是大声质问他："你为什么踩我？"他可能会更大声地说："谁踩你了？明明是你站得不是地方。"同样，领导让你做多余的事情,他也会有一份愧疚,你要是反抗,他就会觉得一点都不欠你的了,当然了,若是你一直逆来顺受,领导会认为这都是正常的,也不会对你有愧疚感了。所以,凡事都得有个度,领导者不能太过分,被领导者也不能太委屈,应该在领导者那里适当地挽回自尊,这样才能开心地工作。

被领导者虽然身处被动的地位,但并非低三下四,被领导者可以做得很有面子。虽然有些领导者以势压人,但被领导者也可以自己做得圆满些,让领导者无可挑剔,想骂人都找不到理由。有些时候,领导者并非喜欢才骂人,而是被领导者没有体会领导者的立场,才挨骂。

我们要清楚:人生来没有权利和义务,尽本分做事才是最重要的。自己有能力做到的,就答应;做不到的,也不要马上说"我做不到"。老板最气下属不经思考就马上回答"我做不到",有些老板会甩甩手说"你做不到,那就不要干好了",那是最糟的一种情况。

被领导者心里要有数,即使自己做不了,当下还是应承下来,过个十分钟或是半个小时,再去和领导说:"我真的没办法做。"为什么要隔一段时间?因为领导往往会为了下属没有试一试就回答不能做而生气,认为下属是推托、不想做,觉得下属不尊重自己。所以员工要先答应,这不是敷衍,也不是虚伪,答应之后可以再认真分析:我能不能做。能做的尽量去做，不能做的，一定要反馈"我真的没有办法"。反馈的时间要根据事情的紧急程度来定，越紧急，就必须越快反馈："我真想把它做好，但是我的确是做不到。"这样拒绝才不会伤面子，也不会让领导认为你没有能力。

我们中国人常常挨骂之后也不知道原因，这很糟糕，骂了半天等于零，有什么意义？骂是一种教训，是一种磨合，要骂得有效，骂得有用，对整体才有帮助。若是骂来骂去都只是闹情绪，那都不算是正道。领导者骂你，往往没法讲明原因，这就需要年轻人自己去体会，为什么挨骂，这样的人才能成长。

领导者往往不在乎你能不能做、愿不愿意做，也不在乎你为什么没做好，他在乎你有没有去试试，以及试过之后有没有反馈。若是你不能做就应该早点跟领导者说，若是你把宝贵的时间耽误了，他会很生气。

很多年轻人在这个地方会吃亏，他们挨老板的骂以后，就认为原因是"我没有听他的话"或是"我事情没有做好"。其实是老板觉得他们没有衡量好自己的实力，把最宝贵的、最不可弥补的时间给耽误了，罪无可赦。

这是年轻人最欠缺、最需要提升的一种能力。能做则做，不能做就请别人帮忙，如此简单的一个道理，为什么人们一进入职场就忘记了呢？

案例

老板交代你要设计一个标识,你设计不出来,不要急着推辞。

老板之所以交代你做这件事,是因为他知道你表哥是开设计公司的,他不明讲,就是要你去找你的表哥,如果你不找你表哥,老板心里就有数了:你为公司出力,还那么斤斤计较,多做一点都不行,那将来我也对你计较。最后吃亏的还是你自己。

你应该去找你表哥,告诉他:"不要开口向我老板要钱,你就算做一个人情给我,将来我还给你。"

老板心知肚明,他也会相应地拿出一些合理的补偿给你表哥,这才叫作圆满。

计较得很厉害,你还有什么前途吗?我们中国人为什么把公司看成家一样,为什么把各级领导都称为大家长,你自己好好想想。

有时候,老板气得要命,骂了员工一顿,员工觉得委屈:"老板,你既然认为我不行,那我辞职吧,明天就不来上班了!"但是这时,老板会更生气:"你真笨!我骂你半天就白骂了?我骂你,就是不要你走,你要好好地干。你要学习,要长进,那我骂你才值得!"

年轻人则不同，他们认为骂就代表不喜欢，既然领导不喜欢，那自己就走。那是完全会错意了。

要学会卖力而不卖命

要知道，工作不是卖身，中国人可以卖力，但是绝对不卖命。老板不能叫任何人卖命，拼了命去工作，那是不对的。

我曾经在电视上看到有老板这样说："我一天只睡3个小时，你要是当我的干部，手机24小时都不能关机，必须随传随到……"我对这样的观点并不赞成，这样的老板太刻薄了，把别人的孩子不当人看，谁当他的干部谁倒霉。

老板要适可而止，要能够照顾员工，而员工要尽力而为，双方要合在一起。

中国人对每个人的要求都不一样，我们不会像西方一样。在西方，同样的岗位，工作也都一样；而我们，张三比较能干，领导就会慢慢地多给他一些工作。所以很多人会批评中国人不是同工同酬，其实同工同酬对那些有才华的人来说，是最大的损失。他们明明可以学到更多，却不学。

看起来，中国人好像很爱欺负那些能干的人，好像谁有能力，谁就活该，应该多做事。其实不然，被领导者要转变思想：我的薪水不可能一直这样。老板一定会有一个制度，别的方面可以没有制度，但是薪水一定要有制度，工作是多是少，薪水就跟着起伏，这样大家才不会不平。若是发放薪水没有制度，只按领导者的个人喜好来操作，那大家肯定会非常愤慨。在这方面，我不会主动要求提高薪资，但是老板多给工作，对我来说就等于是加薪。因为那是一个机会，老板把它给了我，没有给别人，这就是一种难得的收获。曾经有一个年轻人高兴地和我说："老板对我真好！他给了我薪水，还给我很多工作和学习的机会。一有学习的机会，他都帮我出钱，让我去听课，有什么事情都找我去商量，我等于领了好几份薪水。"能够这样想的人会很有前途，他可以不计较。

但是事情是有限度的，过犹不及，卖力是对的，卖力过了头，就成卖命了。"身体发肤，受之父母"，即便是为了父母，我们也应该善待自己的身体。现代管理造成了很多"过劳死"的悲剧。为了追求利润、效率，竟然过度劳累，以致死亡，这样以身相殉的惨剧，当然不为领导者所乐见。

有些年轻人，仗着自己年轻身体好，完全不懂劳逸结合，为了争表现，最后把自己累死。而有些成为干部的人，不懂得放权，想尽办法，却把自己累死。无论哪种情况，都是大家不愿意见到的。可依然有很多人不知不觉掉入这种管理陷阱，被害死了还不明白真正的原因。

就算躲过了生理上的迫害，心态上的失调也必须进行调整。一个干部在领导面前拼命表现，又在自己的下属面前表现，就等于蜡烛两头烧，很快就会心力交瘁。一个好的干部，要做到自己在领导面前全力表现，回到部门后，下属全力为你服务。这样才能够跟下属打成一片，让下属知道你到领导那里不是拍马屁，而是去表现；你受到赏识，则说明你所率领的团队整体表现良好。如果你在领导面前努力表现，回到部门后凡事亲力亲为，久而久之，就会对身体造成很大伤害。

认真是必需的，但是身体更重要，因为身体是革命的本钱，没有好的身体，你能认真多久？领导给你的压力越大，你就越需要下属的支持，就越需要有一两位得力的助手。而对待助手要推心置腹，凡事都要和他们商量，让他们感觉到和你是处于平等的位置上的，这样他们才会真心对待你。

其实很多中国人都明白卖力不卖命的道理。若是有人说，应该把 8 小时的上班时间做合理而有效的工作分配，以充分发挥每一分钟的效能。我相信这句话肯定会引起大家的反感，如果真的做到整整 8 小时，每一分钟都要充分发挥效能，这无疑是卖命，值得吗？中国人的观念是忙里偷闲，稍微轻松一下，才能保住性命。如果一天到晚都很紧张，整整 8 小时都被紧紧盯住，那还能活得长久？这样的工作，大概谁都不想做，谁都承受不了。

中国人一天工作 8 小时以上的，为数不少，而且不乏一分一秒都相当紧张的，还不是照样活下去？这个时候，大家只觉得自己是卖力工作，不觉得自己在卖命。此时领导再明说要把时间严密地控制，而且把工作分析得十分清楚，以便正确地分配，干部听到这种信息，心理上已经相当疲累，可以说是"未做先厌倦"。

卖力到什么程度？由干部自己决定。当然，后果也由自己承担。干部要懂得自作自受的法则，既然接受工作，当然应该卖力。划不划得来，并非金钱所能够完全衡量的。对得起自己，不浪费自己宝贵的生命，才是卖力的主要依据。

每个人都要懂得力所能及，在力所能及的范围卖力是正常的。有时候上司并不了解下属力所能及的界限，每次交代下属一件新的工作，若下属毫不推辞马上接受，就会觉得这位下属的工作负荷太轻，下次再把新的工作交付给他。下属如果不让上司知道自己的能力极限在哪里，就不得不面对一项又一项的工作，造成"软土深掘"的症状，相当于自掘坟墓。万一工作做得不好，还会遭人议论："什么事情都敢承担，也不想想自己有多少能耐！"在别人眼中，也会成为马屁精、爱出风头的典型，"哑巴吃黄连，有苦说不出"。所以大家要懂得稍微推辞一下，这并不是反抗领导的表现，而是向领导表明自己并不是闲得没有事做专门等新差事。对于自己可以接受的工作，便可以"当仁不让"，承接下来，否则就是不负责任，对不起大家。对于那些大家不想承担的工作，只要稍微推辞一下便可以接受，否则有"存心让领导难堪"的嫌疑，或者变成"抬高自己的身份"，那就更加不好。

干部更要学会保护自己，不引起上司的猜忌，不制造同人的误解，以免自己成为众人的箭靶。同样的推、拖、拉，可能产生不一样的结果，所以"运用之妙，存乎一心"，诚心诚意地化解问题，仍然需要推、拖、拉的过程，既省力又减少阻碍，十分有效。当然，太过卖力，而招致领导的猜忌，以为你别有用心，最后招致"杀身之祸"，更是冤枉。

第二章
与领导建立和谐关系

奉行交互主义，彼此理解

我们常常讲西方人有个人主义，中国人难道没有吗？有，可是中国人的并不完全是个人主义。难就难在这里：中国人拥有的，既不是个人主义，也不是集体主义。我们现在受二分法的影响很大，很多研究者都认为，不是个人主义，就是集体主义。其实没有这回事。

中国人拥有的，是在世界上别的地方都找不到的，叫交互主义。交互主义就是"你对我怎么样，我就对你怎么样"，"你对我好，我没有理由对你不好，你对我不好，我为什么要对你好"，这种话在别的地方是听不到的。

老板和员工的关系是什么？其实就是三个字——看着办。或者说领导者和被领导者的关系是什么？你把心掏给我，我肯定不好意思不把心掏给你；你看不起我，我虽然不好表现出来，但是心里肯定也不把你当一回事。其实领导者与被领导者之间的争执，很少是是非问题。有时候，我们真的"看不到自己"，因为我们各有是非。在中国人的脑海中，是就是非，非就是是；对就是错，错就是对。如果连这个基本思维都搞不清楚，那你肯定没有办法了解自己。

　　我们听别人说话，一般不会在乎他讲的是真是假、是对是错，只在乎"你怎么可以这样讲"。对又怎么样，错又怎么样，好又怎么样，坏又怎么样，你就是不能这样讲。我们不能让别人感觉到我们讲话的态度、语气不对，内容反而无所谓，人们在乎的是态度和语气。在中国社会，你觉得对的东西一定有人认为是错的，你说这么做，就会有人说要那样做。全世界都在讲多元化，但自古以来，中国就是一个多民族国家，所以我们才是真正的多元化。

　　西方的部分国家很小，有些还比不上我们的一个省，所以那里的人都很单纯。人们现在都在学美国，其实我们应该先审视美国是一个怎样的国家。美国的历史很短，几乎没有什么积淀，所以可以创新。中国的历史很悠久，你能怎样创新？在中国，如果做的事让老一辈的人看不过去，你就会失去一大半人的支持。美国是一张白纸，你爱怎么画就怎么画；中国到处是古迹，我们必须尊重历史。

　　但矛盾的是，"中国人很重视历史"这句话并非完全正确。中国人重视历史意识，但不是很重视历史。中国历代有几个皇帝，指南针是哪个朝代发明的，清朝一共多少年……许多人都答不出来。我们明知道《三国演义》的很多内容不是真实的，但是我们宁可看《三国演义》，也不看《三国志》。所以，人们有时在没有把事情摸清楚前就展开行动，是很麻烦的事情。

中国人重视历史意识，重视意识形态。历史意识是由个人的背景造成的，他有自己的喜怒哀乐，也有自己的爱好，这就说明了个别差异。由此我们可以知道，每一个老板都有不同的作风，每一个员工都有不同的个性，所以老板跟员工最好的相处方法是：你是领导，眼睛要往下看；你是下属，眼睛要往上看。二者的眼睛要有交集。

外国人很简单，他们看到了就是看到了，没看到就是没看到。中国人一般不敢实话实说，应该看到的，我不可以没有看到；不应该看到的，就算看到了，也一定要假装没看到。这中间很复杂。

很多人不了解中国人的"面子"，中国人所讲的面子跟西方人的是不一样的。中国人认为的有没有面子，只是看你有没有把我当一回事。如果几个同行在一起，你看别人都有说有笑，所有人都冷落你一个，你回去是睡不着的，你会觉得一点地位都没有。所以我们一方面害怕有竞争对手，一方面又很害怕没有竞争对手。当你发现没有人把你当竞争对手时，就可以收拾包袱回家了。

奉行交互主义就是要交心，但交心是很难的，所以我们退一步讲关心——彼此关心。会领导的人，要关心被领导的人，而被领导的人，也要关心领导的人，互相关心彼此关怀，慢慢地就会形成默契，默契到了彼此关系很密切的时候，就叫交心。我在这里要清楚地说，被领导者与领导者之间的关系，首先是随时变动的。西方人之间的关系是固定的，因为他们靠合约、签合同、权利义务来约束彼此，中国人不是。该你做的事情，别人可以随时故意不要你做，他不会不知道这是你的工作，但是他偏偏会当着你的面将工作交给别人，这时候你一定要提高警觉。

领导者与被领导者之间如何互动非常重要，出发点一定要弄清楚。说起来很可笑，就是明哲保身。有很多人会批评明哲保身的做法，会骂是因为他们看不懂。如果你连自己都保不住，你还能做什么事？但这又衍生出来一个问题：我怎么才能保护自己？我要得到他的认同，我才能保护自己；得不到他的认同，我又拿什么保护自己？

中国人是交互的，领导者会这样想："我是领导，我首先要保护自己。虽然我要保护的东西很多，但是我必须首先保护自己。保护自己，才能保住这家公司，而公司的同人要配合我。"那么，被领导者要怎么保护自己？要记住，不要变成老板心目中的奴才，那太可怜了；也不要变成老板认定的叛逆分子，那会很糟糕；更不要让他一想到不合法的事情，就将脑筋动到你头上，那你注定会完蛋。被领导者保护自己也不是为了保护个人，而是为了保护自己这颗公司大机器当中的老螺丝钉能够正常地运作，这样就对了。

每个人都是明哲保身的，不会将事情完全摊开来讲，只有彼此交心、有默契，才能同心协力把事情办好。

与领导者建立和谐关系，就要研究如何与领导者同心协力。你要做好被领导的准备，要用领导者的心态来看自己，而不是觉得自己样样都好。干部也好，普通员工也好，要了解领导者的心态，领导者也要了解被领导者的心态，这样才能同心，同心就会协力，效果就会非常好。

尤其是小企业，更要研究领导者与被领导者的关系。小企业有很多好处，首先它有弹性，其次它不会被制度绑死。大企业都会被制度捆绑，绑到最后动弹不得，就僵化了。小企业可以随时机动，实现策略联盟，它的实力甚至可以超过大企业。但是现在很多小企业都学大企业，那就完了。小企业一定要好好孕育、发展领导者与被领导者的关系，因为企业所有的竞争力都在这里。要跟大企业竞争，靠什么？靠的就是公司里人人同心协力。

小企业，五脏六腑俱全，它可以发展得很好，关键是看怎么运作。干部和普通员工的关系在中小企业显得尤其重要。

每一个干部都要记得：你并非领导所有的人，你只领导手下的几个人，不可以认为"所有人都要听我的"，那你会累死的，你的下属也会跟着"死掉"。如果你管得太宽，管到了其他的人，你的核心团队就会散掉。如果所有的员工都要直接找你，那更可怕，你会更惨。所有的问题都直接抛向你，工作琐事、待遇问题、家里烦恼……让员工统统直接找到你，你就是自找麻烦。干部应该只看手下的几个人有没有把事情处理好，只在一旁观察，因为旁观者清。把手下的一切举动都看得一清二楚，这样才有办法掌握全局，否则极容易百密一疏，最后死在很不起眼、被你疏忽的那一点上。

他们之间的关系不是制度，而是永远没有办法用文字写清楚的。一旦用文字清清楚楚地写出来，领导者就得不到真正贴心的人，因为大家都依照规定办事，不讲私情。所以，应该怎样在日常生活中彼此关心、互动？靠什么？其实就是靠每天下班之后的半个小时，那半个小时的意义非常重大。但是领导者不能做出硬性规定：下班后所有人加班半小时。凡是硬性规定的事情都没有效，要使其自然发生，这样领导者就可以在旁看出谁不热心、谁的时间比较有弹性、谁没有家累、谁比较顾家……可以把每个人都看得很清楚，再去做合适的调配，这样才能形成一个真正交心的核心团队，否则就是没有心。

在交互主义的基础上，领导者应该相信员工吗？答案是"不可以相信，也不可以不相信"。员工不要希望能得到领导的绝对信任，有些年轻人觉得"疑人不用，用人不疑"，只有得到领导的绝对信任，才能够做好工作。你站在领导的角度想一想，他绝对信任你，万一你欺骗他，大家岂不是嘲笑他"老糊涂，被一个年轻人耍得团团转"吗？

员工应该相信领导吗？答案也是"不可以相信，也不可以不相信"。你相信领导，万一他叫你做违法的事，你怎么办？你不相信他，又怎么能安心工作？中国人"不怕官只怕管"，人在屋檐下，怎敢不低头？

领导者自己小心，才会时时用心，判断下属的言行是不是合理。被领导者自己小心，才会时时用心，留神领导者有没有做出不正当的决策。当领导者可以相信的时候，你不信他信谁？当领导者不可以相信的时候，要明白他不是神仙，就算真的是神仙，有时也会犯错，不要盲目服从。若是盲目地相信，绝对服从，必然会害人害己，全盘皆输。相信领导者，也是以合理为限度。他是不是事事合理，谁也料不准，被领导者自己小心一些才比较保险。

正确认识合理的不平等

以交互主义为基础，上下级、领导者与被领导者相互尊重，和谐相处，这是我们最愿意看到的结果。但是员工不要以为从此可以跟领导者没大没小，你一定要小心，老板永远是老板，因为他可以把你换掉，可是员工就很难把领导者换掉，二者的差别就在这里。所以你说自己跟谁是平等的，我是不太接受这句话的。

我经常劝大家，心里头不要有平等的观念，因为没有绝对的平等。人活着，只能享受"合理的不平等"，没有一个人可以享受真正的平等。

佛教说"众生平等"，那也是当你成佛以后才有可能实现的。即使大家都成佛，也不一定能够平等，你看，菩萨就比佛差一点，而罗汉又比菩萨差一点。所以，平等是一个理想，是一个梦想，是一个幻想，是不存在的东西。

你跟老板永远是不平等的，所以你不能奢求平等，只能奢求"合理的不平等"——希望领导者不要过分冤枉你，不要过分地整你，不要过分给你难堪，这就好了。

就因为不平等，一个员工是不可以去告知上司的，"告知"这两个字是大忌讳。比如你说："老板，10点钟到了，有客人在等我们，我们要准备走了。"这么说，到底你是领导者，还是他是领导者？

你这种语气根本就不对，你说得再对，他也会发脾气的。

有一次我去理发，到了店里，我说："我今天不洗头，你给我修一修就好。"他说不行，一定要我先洗头。我觉得奇怪，到底是听你的，还是听我的？他说："我是专业的。"我笑笑:"你去跟别人说专业吧,我是出钱的!出了钱还得听你的,怪事了。"

这是一个问题,即你不能告知我,你没有权力告知我任何事情。但现在年轻人都是用"告知"的方式,尤其让父母伤心的就是打电话:"爸妈,我要结婚了。"你这样还是你父母的孩子吗?

我们以前要出国,差不多提前三个月就要跟父亲讲:"我三个月以后要出国。"他听到时间是三个月以后,就不会太激动。然后过了两个月再说一次:"时间过得真快,再过一个月就要出国了。"这样,他不会觉得很唐突,绝对不会觉得"你都不顾老母亲老父亲,说走就走"。

要记住,你只能请示,而不能够告知。有的干部或员工觉得:"我很好啊,我也很尊敬他啊,他怎么这样对我呢?"其实他不了解,我们不是西方人,我们讲话的方式不可以像西方人一样。被领导者不可以在自己的朋友或者老板的朋友面前表现出"我比老板还厉害",绝对不可以。

其实诸葛亮就有一点吃这个亏。诸葛亮已经是可圈可点的人,可是到最后,刘备不听他的话,也是有道理的,因为他过分显示出"你看老板都得听我的"。老板总有一天觉得"我就不听你的",那就坏了大计了。

这就是领导者和被领导者的等级不同造成的。在现代社会,虽说人人平等,但是等级观念必不可少,等级分明是中国组织的鲜明特征。

现在有不少人很羡慕西方人的交流方式，不管对方是谁，该说的话都可以说，都可以直呼对方的名字，一点也没有上下级的区别。但是你要在中国也这么做，就行不通了。中国人讲话要先看对象：对上面是一种说法，对下面是另一种说法，对平级的同事则要用第三种说法。这就是中国人重视等级观念的表现。如果两个中国人在谈话，看见老板来了，就要马上调整，对老板视而不见，老板心里肯定不舒服；但是，一看见老板来了，突然闭口不谈，老板也会想"这两个人在说我的坏话"，这也是不妥的。这就是中国人比较奇怪的地方，只要有第三者介入，两个人的互动关系就要调整。

等级观念其实是伦理的一种反映，伦理就允许合理的不平等。中国人之间形成的是人伦关系，在交往的时候，时时刻刻受等级观念的影响。西方人听到一件事情，会就这件事情来论断是非；听到一句话，会就这句话来判断对错。中国人听到一句话，往往根据说话的人下判断。说话的人不同，话的正确性也不同。

干部更要懂得维护老板的权威性，当你的老板叫你做什么事情的时候，你就要马上着手，因为他会关注你有没有在做。如果你打算先将手边的事情做完了再做老板交代的事，那老板肯定不高兴，因为老板的看法是："不是我叫你做的都是不重要的事情，我叫你做的才是重要的。"

老板要管理整个企业，因此必须树立自己的权威，能做到不怒自威最好，让下属尊敬自己的同时，还有一点惧怕自己。如果下属毫不害怕老板，说明他心里根本没有老板。

一般来讲，员工在刚进企业的时候都很怕老板，逐渐在企业站稳脚跟之后，特别是当上中高层干部以后，由于资历深、贡献大，和老板走得很近，就擅自与老板称兄道弟，或处处以老板的朋友自居，无形中就会冒犯老板的权威。

干部越到高层越要小心这一点，老板最不喜欢下属对他有负面的评价。因此，当老板问你对他的看法时，你最好说些好听的话来应付。即使老板坚持让你实话实说，你也不要上当，不要对老板的缺点直言不讳，否则无异于自掘坟墓。

干部在老板面前应该谨言慎行，因为一说错话就损失惨重，职位越高越输不起。所以，"多听少说"是员工，特别是干部基本的保身之道。西方人非常直接，对就对，错就错，什么话都可以在老板面前讲；中国人却认为"对有什么用"，在老板面前，你越"对"，他越生气，因为他只认为自己是对的。你可以在别人面前"对"，但不能在老板面前"对"，否则老板会感到没有面子。

凡是经常挨骂的被领导者，要自己检讨一下。老板的话永远是对的，你反对就是顶撞，盲从就是奴才。那应该怎么办？凡是老板说的，你就点头，过一段时间再来找老板说："现在有问题，怎么办？"一个聪明的被领导者从来不去改变自己的老板,而是让老板自己改。他自己改了,会感谢你;你强迫他改,他会干掉你。

包括干部在内的被领导者要想得到领导者的信任,又能使自己活得自在,就要与领导者建立一种恰到好处的关系,既不是领导者的奴才,又不是领导者的心头大石,这种关系我们称之为主伴关系,领导者是主,被领导者是伴。而且主伴关系是可以调整的:工作的时候,老板理应是"主";工作以外的时间,就不一定以老板为"主"了。在不同的场合,遇到不同性质的情况,"主"与"伴"应该适当调整。这样有助于促进全员参与。这里的"主",指的是主要负责的人,而不是发号施令的人。

主伴关系,就要求被领导者要站在"不从"的立场来"从",如果你存心要顺从甚至揣摩领导者的想法,那就糟糕了。我一直认为历史上没有坏的皇帝,只有可怕的爪牙,因为没有一个皇帝登基以后就下决心搞垮自己的社稷,他总希望自己的江山能够千秋万代地传下去,而搞垮社稷的,是那些出馊主意的人,即所谓的佞臣。

讨好领导,甚至谄媚,只会把领导害死,被领导者要合理地"从","不从"的时候也要给领导留面子,尊重他的立场,最起码在其他人面前维护他的形象,这是非常重要的。

有些人总以为老板喜欢听话的下属,所以凡是老板做的决定,都照样执行,哪怕这个决定是错的。其实老板最不放心就是这样凡事都说"好"的人，特别是那些话还没有讲完就已经答"好"的人，所谓轻诺寡信，就是如此。老板不是神仙，当他决策有误的时候，你仍然说"好"，就会令自己陷入万劫不复的境地。

当然，你也不能凡事都有意见，这样会令老板很没面子。你必须自己衡量，对老板的命令应该服从到什么地步。服从还是不服从，应该以把事情做好为基准，而不是以讨好老板为基础。服从与否，是自己内心的事情，用不着表现出来，千万不要当面顶撞，也不可以表现得心灰意冷，而应该和顺委婉地、合理地坚持自己的看法。

合理即有几分把握就做几分坚持。盲目坚持自己的意见就是刚愎自用，如果你的坚持是对的就罢了，一旦你的坚持是错误的，你势必成为众人嘲弄和苛责的对象。合理坚持自己的意见，是"不失责"；坚持到合理的地步就不再坚持，就是"不越权"。

有的人尽管当了干部，却始终得不到老板的重视，老板从来不听取你的建议，你要自己反省一下，是你的意见并无实质的助益，还是你表达的态度或方式有所偏差？有时候，老板认为你的心里没有他，就会拒绝你的一切建议。你若想有光明的前途，要得到老板的赏识，只能让他感觉到你心中有他，心意要靠"心"的交流，只能意会，不能言传。

讨好领导是不明智之举

主伴关系并不是固定的，因为人与人的关系随时在变动，世上哪有什么固定的东西？但是，我们可以在这个变动中抓住一点：对中国人，绝对不能存心讨好，那是没有用的，但也一定不能得罪。得罪他，他可能会报复你，别看中国人平时表现得很有修养，话专挑好听的来说，但是你千万不要过于相信这些表面的现象，中国人自古以来就是这样——有仇必报。

我们可能在电视剧看到这样的镜头：一个自幼丧父的小孩，从小就不上学，天天练武功。有人若是问他："你勤练武功，长大之后想要做什么？"他则会回答："长大后，我要替我爸爸报仇！"这种为父报仇的例子太多了。

这就是中国人的思维：如果父亲被杀了，你还拼命用功想考状元，所有人都会看不起你，会唾弃你，认为你一点也不像中国人！

你不要认为中国人会改变，中国人根本不可能改变，为什么？在西方，人为的规则很多，很多的知识都是人为编造出来的，人们非学不可，不学就落伍，而这样的规则可以随时改。中国人不一样，你看在深山里面长大的那些人，哪有机会学什么科学知识？人家不也一辈子过得好好的？中国人所有事情都是这样自然去学习的，所以为什么有人住在山上他"通"了，有人在海边他也"通"了，就是一样的道理。

我们的民族性是符合自然规律的，很多人都是不学自通，他们是很自然地慢慢体会到这些"规则"，自然而然地"通"了的，这样的中国人，不可能改变。

所以，普通员工和干部都要顺应自然，慢慢地感悟领导者的用意，不能存心讨好，也不能随意得罪。只有将中国人的"规则"感悟出来，才能在中国社会中生存。

与领导者相处，首要的一条是不能乱拍马屁，因为在中国，没有一个人是靠乱拍马屁成功的。也许有人会有疑问：我们看到很多拍马屁的人都过得很好啊！我想说，那是我们看错了。

老板最怕下属变成马屁精。所以很多人说中国人很喜欢拍马屁，其实这全都是错误的观点。我问过一百多位总经理，我说："你喜欢任用马屁精吗？"他们都板起脸孔，说："我为什么要用马屁精？"我又问："你为什么这么害怕？"他们回答："我当然害怕！我迟早会被马屁精害死！"显然，中国的老板没有一个喜欢用爱拍马屁的下属。

一个人如果天天被别人拍马屁，久而久之，他就会形成"我说的话都是对的"或者"我是天下最聪明的人"的想法，慢慢地，他就会夜郎自大，目中无人。更有甚者，还会形成一种高人一等的错觉，认为"所有人都应该听我的"，如果领导者形成这样的思想，不出乱子才怪。要知道，将"马屁"全数接收，有时候一定会付出沉重的代价。

如果要说中国人从来不拍马屁,这句话也不对。

老板有时候会问你:"最近忙不忙?"你若是说"忙死了",他就会很来气,觉得"我是叫人家忙死的人吗?让你忙死了,我算什么老板?"。若回答没事,老板就会说,那你多做几件事好了。这样来看,你怎么答都不对。很多人学沟通,不知道都学了什么东西。最适合中国人的回答是"还好啦"。老板就会觉得"不错,就是说我布置的任务刚刚好,不会让你应付不来"。你只能这样讲,别的话都不能讲。

万变不离其宗,变来变去,什么情况下说什么话,这才是精妙之处。不变的当中有变的部分,变的当中有不变的部分,这个道理,外国人都听不懂。他们要么很诚实,要么撒谎。

遇到问题的时候,你要看这个问题是谁在问,是在什么场合问,有没有外人在场。也许老板是故意当着外人的面问你:"你在我这儿工作辛苦吗?"老板是问给外人听的,结果你来一句:"辛苦是不辛苦,就是工资太低了!"那你就等着被骂吧!

情况不明,而且情况会有所变动,所以每一个被领导者都应花很多时间在研究情况上。中国人除了做工作以外,还有很多时间要去把公司的氛围弄清楚,然后要分析自己"在什么样的氛围之下,用什么样的表达、配合方式"来应答,那才是真正的企业文化。

企业文化绝对不是制度,不是产品,也不是标识,企业文化是这种隐隐约约、确实存在但是永远说不清楚的东西。

学术界的人士都说中国有"马屁文化",我觉得很奇怪,因为如果你去问问,去做一下调查就会很清楚!当然了,谁拍了马屁都不可能承认,但其实也不完全是这种情况。

甲、乙、丙三个年轻人跪在大法师面前要求剃度当和尚。大法师出来问甲:"你为什么要来当和尚?"甲说:"我爸爸要我来的。"大法师当头一棒就打了下去:"这么重大的事情自己不决定,你爸爸叫你来,你就真的来了,将来你后悔怎么办?"对于甲的回答,大法师讲的话是对的。大法师再问乙:"你为什么要来当和尚?"乙一听甲说"爸爸要我来"会挨打,就说:"我自己要来的。"这下大法师打得更凶:"这么重大的事情,不跟你爸爸商量就来了,你爸爸向我要儿子怎么办?"大法师再问丙:"你为什么要来当和尚?"丙吓得一句话都不敢讲。大法师用了全身力气打下去:"这么重大的事情想都不想就来了?"这才是中国社会。

如果你面对这样的问题,你会怎么回答?有人会这样回答:"我受佛祖的感应。"言外之意是,你敢打我吗?我把佛祖搬出来了。结果大法师两只手都打下去了。为什么?他完全没有面子了——修行了几十年,佛祖都没有给他感应;你还没修行,佛祖就给你感应了,打你看看头破不破。

这其实是个笑话。但是你真的要动一动脑筋。这个问题只有一个答案,没有第二个——"我受到大法师的感召"。因为你这句话讲到对方的心里去了。所以,什么叫中国式沟通?就是讲到对方"打"不下去,讲到对方没辙。有人会问,大法师会不会说"让你拍马屁",又打一下?肯定不会。因为这不叫作拍马屁,而叫作"马屁味道"。

中国人擅长制造马屁味道,很多人也都喜欢马屁味道,而实际上我们真的很讨厌马屁精。那么,是否可以这样理解:有些事情要做,但不要把它当成是拍马屁?不是这样的。我认为,还是要看动机,看看你是否存心拍马屁。

还必须说明的是,中国人是无法讨好的,因为中国人太敏感。中国人的警觉性非常高,而某些警觉性高的人,疑心也是非常重的。还是上面的例子,如果说那个大法师警觉性很高的话,年轻人回答说"是大法师感召我来的",还会挨棒子,怎么办?在我看来,如果是这样,那个人就没有资格当大法师了。但我认为,面对大法师的提问,很完整的回答是这样的:"我受大法师的感召,我爸爸也同意了,我自己也考虑过,而且好像佛祖也有这个意思。"这样完完整整地回答,他的棒子怎么都打不下去。

不要冒犯领导的私人领地

我们不要想着去改变老板的喜好。比如老板喜欢黄色,你千万不要跟他讲："老板，你老穿黄色的衣服不好。"这里没有你的事，因为老板的公生活你是有一份的，但是他的私生活你是不能参与甚至指手画脚的。类似老板喜欢的颜色、口味等，这些东西完全是主观的，千万不要乱加评价，甚至反驳。尤其是他引以为豪的东西，哪怕他说自己打麻将很厉害，你也不要当着他的面，说"打麻将纯属浪费时间"之类的话。

但是中国人说没一份，也是有一份。当他问你的时候，你要表示意见；当他不问你的时候，你千万不要琢磨，不要有任何话。

干部怎么把握跟老板的个人关系？记住一句话：千万要保持距离，而且是安全的距离。

第一，如果不同性别的话，要明白"我是你工作的伙伴，不是你生活的伙伴"，一定要很明确，否则会很乱，将来更会一塌糊涂。第二，要坚持"我也有我的个性"，人不可能没有个性，所以，如果老板讲的话你觉得不妥当，不要说出来，用行动来表现，让老板知道"你要适可而止，太过分我就不干了"。

我有一招最好的，就是当你觉得老板太过分的时候，就溜出去，让他找不到人，这样老板就会意识到，"这个家伙又溜走了，肯定有什么问题不对"。他就会开始想，是不是自己的行为不当，然后就会叫人把你找回来。这时，你要清楚老板的心理，回去之后要当作没有事情发生一样。人不能保护自己的话，又怎么能在这个社会好好活着呢？

当然，你要靠自己去拿捏其中的度。十个老板起码有八个是脾气不好的，即使人前表现再好脾气的老板，实际上也不可能容忍一切，因为若是脾气非常好，他就不可能当老板。你不要期待你的老板脾气好，那是天方夜谭，你要面对事实，要知道你没有办法改变他，但是可以跟他保持一个安全的距离——我不过分，你也不要过分，你过分了，那我走——此地不留爷，自有留爷处。这样才能长久。

中国人有一句话，"防人之心不可无"，大家一定要谨记。防人从来不是出自小人之心，而是为了保护自己免遭迫害，防人又不是害人，何错之有？不信的话，我们可以看看中国的历史。

自古以来，当权者基本都经历过三个阶段：一开始大家都是好兄弟，百无禁忌，好话坏话都可以直说；接下来就区别对待，重用自己认为靠得住的，而那些不可靠的，越能干越要加以迫害，以免夜长梦多；到了衰落时期，对任何人都心存怀疑，即使好人也会变成坏人，不可不防。

人心善变，当权者有这种心态也正常。干部唯有小心翼翼，特别是看过了太多"飞鸟尽，良弓藏；狡兔死，走狗烹"的故事，难免心生恐惧，不敢不防。

可见，拿明哲保身作为管理的根本理念，具有相当稳固的基础，不容忽视，也不必怀疑。中国人逐渐养成"明哲保身"的习惯，时时以"防人之心不可无"为信念，不敢稍有大意。从"你提防我，我也提防你"，演变为"我相信你，你也相信我"，这是中国式管理"以心交心"的历程。明哲保身，不过是一种修己的方法，用来作为管理的起点，并不能发挥管理的功能。而当其逐渐演变为"你心中有我，我心中有你"，彼此互信互赖时才能安人，获得管理的效果。

被领导者对领导者要敬而远之，保持适当的距离，特别是不能介入领导者的家务事。以《三国演义》中的赵云为例，赵云的功劳不比关羽、张飞小，但刘备并不喜欢他，因为他介入刘备的家务事太深。被领导者如果介入领导者的家务事，就会惹领导者不高兴，其他的人也会愤愤不平，认为你拍马屁。这一点要学学诸葛亮，他虽然深得刘备的信任，可以说刘备对他言听计从，但他从不介入刘备的家务事。刘备曾问诸葛亮立嗣之事，诸葛亮笑而不答，让刘备去问关羽。而刘备本人，也曾因介入刘表的家务事，差点丢了性命。刘表有二子，长子刘琦为前妻所生，为人虽贤，而柔懦不足成大事；次子刘琮为后妻蔡夫人所生，颇为聪明。刘表要废长立幼，又碍于礼法，乃请教刘备如何是好。刘备率直说出废长立幼是取乱之道，并说蔡夫人娘家势大，可缓慢削灭，不可溺爱少子而乱了局。蔡夫人知道后，怀恨在心，设计杀之，幸好刘备命不该绝，否则真是"出师未捷身先死"了。

我们常说清官难断家务事，意思是各家有一本难念的经，内容各不相同。外人根本弄不清楚，最好不要轻易介入，免招祸患。

第三章
领会领导的真实意图

中国人有意见不会直接表达

很多人念了书以后，并未变得聪明，只是好像知识比别人多一点而已。因为在学校里念的书，什么理论观点都写得清清楚楚，他只要记住就可以了。可是时间长了，他的脑袋就僵化了，失去了判断分析的能力。一旦进入社会，他就发现，没有人会清楚地告诉他什么该做，什么不该做，很容易一下子就混乱了。于是他会对很多似是而非的东西产生误解，以至于好心办坏事的情况时有发生，令人哭笑不得。

一个人刚进入公司时，基本上是普通员工，是被领导者，他要处处跟领导者打交道，如果不能明白领导者的心思，简直没法开展工作。因为中国人有了意见，并不会直接表达，经常会拐弯抹角地说出自己的意思。当领导说些模棱两可的话时，你若不能领会领导的话中真意，只会处处碰壁。很多人没法适应这种情况，只怪领导不把话讲清楚。可是中国人所处的文化环境，决定了中国人不会直来直往。这一点怪不得领导者，年轻人应该自己学会适应。如果人们不了解为什么领导者言不由衷，或者不明白自己如何建言献策，只会惹来不必要的麻烦。以下几种情况，需要大家细细领悟，干部更要仔细体会。

第一，领导者经常是言不由衷的，因为我们所处的环境太复杂，需要我们揣摩。有一句话尤其让我们害怕，叫"隔墙有耳"。"隔墙有耳"真的会随时出现在我们身边，以前还会说："哪里有这个墙啊？那儿没有人啊！"现在有针孔摄像机，放在哪里，你怎么知道？所以，以前的老话在当今社会尤其管用。

以前我们都把"千里眼"和"顺风耳"当笑话，现在却天天生活在"隔墙有耳"的恐慌里。现在爱用手机的人最容易泄密，很多人在洗手间里面打电话，洗手间来来往往多少人啊，你怎么知道谁在里面，谁在外面？你如何知道左右有些什么人？

所以，领导者在和你说话时，经常言不由衷。并不是对你不信任，而是真的难以知无不言。你一定要明白这一点，揣摩领导者的言外之意，而不能追问他到底想说什么。迫使领导者把话讲清楚，只会让自己死得更快。因为你若逼他，他会想，我已经说得这么清楚了，你还要问，我只能随便说一些假话了。你根本不可能知道他的真实意图。很多被领导者到最后会感觉上当受骗，其实哪里有骗局，是你不懂得揣摩而已。

第二，有些话由于条件的限制，领导者不方便讲，被领导者要替他讲出来。其实领导者越是位高权重，越不方便随便讲话，不管对外对内都是如此。比如，对外谈判的时候就是如此。现在大家都在学西方的那套谈判方法，但是这种方法在中国是要吃大亏的，而且是吃闷亏。西方人的个性是：我充分准备，你也充分准备；我实实在在，你也实实在在；我对你诚恳，你也对我诚恳；一切准备结束，我们开始谈。而中国人会说："那有什么好谈的，不要谈了。公事公办嘛！"中国人一开始不会完全坦白，因为对方会杀价，于是我们会这样想：如果一开始就说实价，你一杀，我如果一毛钱都不能让，你会觉得没有面子，但是如果给你让价，我就吃亏了。这是大家都知道的事情。

我们现在学西方的"定价模式"，是不是很好的经商方式呢？其实不是，但没有办法，因为我们被大企业牵着鼻子走，这是最可怜的。所以，我一直鼓励发展中小企业，少理那些大企业。大企业要学西方，让它们去学，与我们无关。

最适合中国人的谈判方式是，领导者不说话，由员工出面当恶人。这个原则运用得好，会为公司带来很大利益。比如，当对方把价格杀得很低时，员工要拿出勇气当面反驳，然后由领导者来打圆场。这样一明一暗，才能收到奇效。

中国人有很多时候是需要"丑话说在前头"的，但有些"丑话"若是由领导者说出来，杀伤力就太大了。而由员工说，即便伤害了对方的感情，领导者也可以用一句"年轻人不懂事，不要和他计较"来挽回局面，并且适当调整"丑话"的内容，做到不伤和气。

第三，中国人不是不喜欢说话，而是中国话多半不容易表达得很清楚。有些话本身已经相当暧昧，听的人又相当敏感，于是"言者无心，听者有意"，往往好话变坏话，无意成恶意，招来洗不清、挥不掉的烦恼，何苦来哉？所以中国人对闲聊很有兴趣，见面不谈正经话，专说一些没有用的，就怕先开口，泄露自己的心意，让对方有机可乘，徒然增加自己的苦恼。闲聊，表面看起来是在浪费时间，其实真实目的是让对方先开口，使自己处于有利的形势。中国人明知"形势比人强"，时时不忘"造势"，说一些废话，可以在不知不觉中造成有利的形势，何乐而不为？更何况，言多必失，废话说多了，对方难免会说漏嘴，透露一些有用的信息，这样就可以明白对方到底是怎样想的，然后采取相应的应付手段。

被领导者应该懂得谨言慎行，如果是初入社会，处于人微言轻的地位，更要学会保持沉默，多听听人家都说什么。特别是对自己不了解的东西，你不开口，大家还不认为你不懂，你一开口就说错，大家表面不说什么，心里也会轻视你。

要是说了不合时宜的话，惹怒了领导者，更是得不偿失。

当领导者询问意见的时候，有些人为了表现得积极一些，往往想着一鸣惊人，抢先说出自己的看法，唯恐被人抢了风头。可是等你说完，往往发现，不管自己说的多么有道理，后说的人很容易站在相反的立场，说出另一番道理。而且后说的人可以针对你的观点，有的放矢，处处占上风，甚至会把你的观点批得一无是处，弄得你相当没有面子。

你先发言，就等于让自己站在亮处，人家把你的底细摸得很清楚，而且在你说的过程中，人家可以组织语言，若是存心挑毛病，保证把你驳得体无完肤。你先说，说来说去顶多能说出道理的一部分或者大部分，总有一部分被遗漏掉，何况你资历浅，对很多情况都不了解；后说的人，就可以针对这些缺失来大做文章，表现得很内行。

"先说先死"不一定只针对被领导者，只是领导者和被领导者的身份地位不同，"先说先死"的情形也不同。比如，被领导者先说，说错了就会受到领导者的批评，从被领导者的角度说，自己被批评很正常。但是万一领导者说错了，被领导者指出其毛病，那领导者就会很尴尬：发火，显得自己没度量；不发火，面子实在不好看。

因此不管是领导者还是被领导者，都逃不掉"先说先死"的困境，你不要以为既然这样，索性就抱着"大不了一死"的决心，反正都是个"死"，不如说个痛快。这样做的结果，是领导者表面上会怕你，但内心对你十分恼怒。但如果你可以做到怎么说都不会"死"，大可以先开口。若是只能做到"说得好领导认为是应该的，说得不好就会死"，那还是少开口或者后开口为妙。

但是，现在有一些人受到西方文化的冲击，在领悟"先说先死"之前，便勇敢地"有话直说"，弄得自己灰头土脸，却依然不知道毛病出在哪里，也从不检讨自己，反而怨天尤人。或者已经惹祸上身却不自知，反而沾沾自喜，自以为得计。大家要谨防一种人——他们往往鼓励你先说，然后不同意你的话，就大肆抨击，抓住你话中的漏洞，添油加醋来陷害你；若同意你的观点，也可能把你的话改头换面，作为自己的真知灼见。

最好的做法是，你说话要含含糊糊，让对方不明白你的真实意思，这并不是你表达能力差，而是明哲保身的一种体现。说话"点到为止"，自己说一部分，让别人猜一部分，大家都有面子，你也不容易被别人抓住把柄。

不知道"先说先死"的人，常常死得不明不白；只知道"先说先死"的人，会落得难以沟通的评价，对自己的前途非常不利。

先说当然也可能不死，因为中国人的道理一向是相对的。"先说先死"固然是事实，"有话直说"也可能得到许多好处。能够站在"先说先死"的立场来有话直说，才是中国人真正的功夫。

人们在接受"先说先死"的教训之后,也要体会"不说会死"的道理。一味不说,同样死得很惨。中国人具有"得了便宜还卖乖"的心理,所以领导者很矛盾。当他问你的意见,你畅所欲言,他却有可能骂人;如果你不说话,他更会不高兴。

你如果平日总是沉默寡言,别人问你几句话,常常只能得到简短的答复,会给人一种高深莫测的感觉。但大家不了解你,有时会构成升迁的障碍,不可不慎。哪个领导者会对他不了解的人委以重任呢?特别是当领导者需要你说话的时候,你装聋作哑,领导者更会觉得你不堪大用。比如,领导者需要你解围的时候,你却装迷糊,使得他颜面扫地,他能不火冒三丈吗?

因此,我们应把说与不说合在一起,不要将它们分开。凡事在说与不说之间,看情势、论关系、套交情,衡量此时、此地、此事对此人应该说到什么地步,才算合理。

你不能够由于害怕"先说先死"而不说,而应该顾虑"不说也死"的不良后果,慎重思量怎样说才不致一开口就闯祸。说与不说,多说与少说,都应该谨慎,甚至多说与少说比说与不说更应该慎重。平日少说话,忽然话多起来,或者一向多话,突然不说了,这两种情况都会被领导者认为你心理不平衡。

一个"说"字就包含了这么多学问,这是我们在学校里学不到的。所以说,"世事洞明皆学问,人情练达即文章",每个员工,尤其是干部必须认真学习。

巧妙探询领导心中真实想法

很多时候领导者不会很快地将自己的意图说出来,而会通过其他各种花样来暗示你,这是给你面子,并不是耍人。一般人搞不懂,会认为这是耍花招,没有诚意,其实不对。

为什么大家都很认真地办一件事,但是效果不好?其实就是因为默契建立不起来。什么是默契?就是我会去猜测、料想你不方便说的部分。中国的社会上有太多事情是不方便说的。所以,一个好的被领导者,不要强迫领导者有话实说、有话直说甚至说得很清楚明白,那是自讨苦吃。

中国人讲究的是心意相通,包括干部在内的被领导者只有设身处地站在领导者的立场来考虑,才能真正形成默契。我们必须养成揣摩上司心思的习惯,这并不像一般人所认为的是件坏事情。每一个人都要随时、随地、因人、因事地去度量上司的心思,只要不生坏念头就行。

当你接到上司交代的任务时,要揣摩上司授多大的权给你,揣摩上司到底相信你到什么地步,揣摩上司希望你什么时候向他汇报……这些事情，领导者都不会很明确地告诉你，全要靠你自己去揣摩。比如，领导交代你，这个客人难得来一次，午餐搞丰盛一点，其真实的意思却很可能是要你想办法不要请客人吃饭。有时候领导让你把报告拿回去再斟酌一下，其真实的意思则可能是说已经没有必要讨论了。你揣摩得越正确，两个人之间就越有默契。

领导者对被领导者讲的话，常常跟他想让被领导者做的事情是相反的，所以被领导者要了解领导者的看法，这非常重要。很多人是心口不一的，当他讲"无"的时候，心里想的是"有"；讲"有"的时候，想的是"无"；讲"不要"的时候，就含有"要"的意思；讲"要"的时候，基本上都是"不要"的。年轻人若是听见领导说"没意见"的时候，千万别当真，他的意思可能是：我有意见，只不过我尊重你，不方便公开指出，你真的要听，我们可以私底下交流。如果你不及时问清领导的意见，出了问题，就会唯你是问。当然，你也绝不能逼着领导公开说出意见，哪怕你已经升到了干部，你让领导坦白交代，你的下场是死得很快。聪明的人要对领导的意图心知肚明，等到散会以后再去问领导，私下征求领导的意见，询问具体应该怎么做。如果你不去找他，领导就会想："我怎么可能没有意见，你当我是死的吗？"

只有了解了领导的真正想法，你才不会吃亏。《三国演义》中刘备当初让诸葛亮离开荆州帮他攻打西川之时，并没有指明让谁接替他守卫荆州，只是让诸葛亮量才委用。但他派关羽之子关平送信，诸葛亮就明白刘备的意思了："主公书中，把荆州托在吾身上，教我自量才委用。虽然如此，今教关平赍书前来，其意欲云长公当此重任。"这才是聪明人。有的年轻人不太了解老板的心理，比如领导提出一个关于时下流行的高科技产品的问题，他为了表现自己的博学多才，给领导解答得很详细，最后可能只换来领导冷冷地回答："行了，我知道了，你出去吧。"他还不知道为什么，"明明是你问了，我才说的，说完你却不高兴"。年轻人不明白的是，领导问他这个问题有两种可能：一种是领导不了解这款产品，想跟他了解一下，但这种情况发生的概率较低；另一种是领导很了解这款产品，想炫耀一下自己。结果他把答案都说了，抢了领导的风头，领导高兴得起来才怪。

我们要体谅领导常常有说不出来的苦衷，有很难表达的心意——这个就叫默契。一般人对于"揣摩上意"没有什么深刻的了解。他们认为你去揣摩上意，多半意图不良，觉得你是去猜领导的心思，然后投其所好，希望他对你有好感，特别照顾你，将来能够升官发财，这是不对的。在中国社会，想升官经常升不了，想发财也经常发不了，我们和西方不一样。

很多人到国外之后，看到了西方文化的表面，回到中国之后觉得西方的那一套很灵光，却不知道中西方背景迥异。

在西方，如果你跟老板有特别的关系，其他人反而不敢帮你的忙；而在中国，你跟老板没有关系，其他人多半不会帮你忙，刚好与西方相反。我并没有断定孰对孰错，你在美国，就应该照着美国的那一套做，你面对中国人，就应该用中国人熟知的方法做，这样才会有效。

美国人的内心是很孤单的，他们的上下级之间没有什么真正的感情，双方合作将绩效做出来就好，那就叫唯利是图。中国人不是，中国人是不言利而利自来，即不说利润，但是利润源源不断地来，这才是最高明的。很多人误解了孟子，认为孟子不言利，不重视利，其实不然。孟子真正的思想是说：大家都谈利，利益是出不来的；不谈利，好好去做，彼此交心，利自然会来。

现在我们可以看到很多公司标榜自己是美式管理，看起来，它的老板似乎和美国人一样。我却不认为那是真的。我接触过很多老板，标榜美式是为了好听，那是讲给别人听的，平时的管理根本不是这样。

中国人说话都是模棱两可的，被领导者如果不揣摩领导者的心思，则可能在不经意中得罪领导者而不自知，更别提在公司中有所发展了，能否继续留下都是问题。

比如，当领导对你表现得很客气时，你不能暗自欣喜，以为领导器重你，而是必须提高警觉，想想自己最近的行为、态度是不是有不合理的地方，要自动调整，以求合情合理。

有时候，你认为相当合理的，而领导却不以为然，这时候，他会客气地提醒你，希望用点到为止的方式来促使你自行调整。中国人说"没有关系"的时候，多半含有"有关系"的意思。当你做错了，而领导却客气地说"没有关系"的时候，你千万不要以为真的没有关系，而应该赶快改正过来，对方才能够以"没有关系"开始，也愉快地以"没有关系"来收场。

若是听到"没有关系"这一类的客气话，便以为自己真的十分有福气，碰到一位宽大的领导，那就是不够自觉，错将客气当福气。结果呢，以"没有关系"开始，却以"有关系"结束，你的职业生涯肯定不愉快。领导的道理相当明显："你犯了错，我还对你这么客气，你却不知道悔改。像你这种不自觉的人，真不知道应该怎么样用你。"

以"没有关系"开始，以"没有关系"来收场，才是一个完美的过程。要想做到这一点，一部分人还有许多需要学习的，与领导建立默契是一个很长的过程。但是，注意凡事适可而止，了解领导者不能逾越最后的界线。过分了解领导者，就会惹其不满。

被领导者，特别是干部，对领导要心知肚明，心里要想着领会领导的意思，但千万不要显得自己完全了解领导，即使了解也要装成不了解，这是一种自我保护。如果你的领导说："我给大家讲个笑话。"你千万不能说："这个笑话你讲过了。"领导心里想："我就会这么一个笑话，你都不让我讲，那你来讲好了。"聪明的被领导者，就算听了一百遍，照样会大笑，就算他心里在耻笑领导只会讲一个笑话，也会表现出听得很开心的样子。这是顾及领导的情面，不是欺骗。

凡是聪明的人，看到自己穿的西装和老板的一样，就会赶快换掉。如果跑过去说："老板，我穿的跟你一样，你花多少钱买的？"这就等于自杀，老板早晚会把这种人开除。

探询领导的想法，是每个被领导者都要学会的。做不到这一点，只会多做多错。但是探询领导的想法，也要适度，如果领导的一举一动，被领导者都知道了，只会招来祸端。大家一定要警惕，既不能傻到不知道领导在想什么，又不能傻到完全知道领导在想什么。

学会站在领导的立场想问题

干部要站在领导者的立场想一想：领导者最喜欢的是什么，最讨厌的是什么。你不能投机取巧，但是一定要了解。

领导者最讨厌准时下班的人，因为他自己没有准时下班。我们在下班时间要找老板，经常拿起电话就打，老板一般都在办公室。我还没看过一个老板准时下班，因为老板知道客户从来都没有上下班时间。但是被领导者也不能学着老板不准时下班，那会让所有人都怀疑你是不是要干别的事，甚至觉得你准备偷公司的东西。

所以，难就难在这里，这样做也不对，那样做也不对，怎么办？

这要慢慢来。公司里凡是有前途的人，下班后都是往老板办公室的方向走。当然，你不能说："那明天开始，我下班就不回家，也往老板那儿走。"不可能，那些人是核心团队，他们才有资格走到老板那儿。你还没有这个资格，那应该怎么办？

你可以在下班的时候，去找自己的顶头上司，把今天还没有做好的工作向他汇报，问问明天怎么做比较合适。这是你的顶头上司最紧迫的事情，因为他也要到上级那里去汇报，你的工作就是领导最好的题材，他需要向上级报告事情的进展、明天应该怎么做。

不要一下子直插到最高的领导那儿去，那离你太遥远了。为什么中国人老讲，不怕官只怕管？意思就是：你跟官离得那么远，不要也用不着替他想，你也想不通；你要跟你的顶头上司处好，他跟你的距离最近，你要供应他最需要的信息，就是今天到什么地步，明天有什么发展，后天有什么结果。这些东西，就算他没有机会讲，老板随时问，他能够答得出来，那他就跟老板又靠近一步了。只要你的顶头上司越来越靠近老板，你跟他的希望就越来越大，因为中国人是一串一串的，一个人上去，他一定提拔他的手下，一人得道，鸡犬升天。你要想跟他串联好，你就必须站在他的立场，提供他所需要的信息，直到有一天，你能够做到有机会替老板分忧分劳，你就不得了了，你的价值就体现出来了。老板一有什么事情，你虽然不能替他做，但是你会出主意，他觉得这样很好。

　　为什么刘备对孔明那么尊敬？他们也没有什么亲戚关系，诸葛亮也不是有什么家产的人，更没有留学，只是他每次出的点子，刘备都觉得太好了。就这么一件事情而已，但不是平常人能做到的。

　　这要不断地积累，然后在适当的时间提供可行的方法，那老板自然要你分劳分忧，他就会特别照顾你，因为他生怕你跑掉，生怕你身体不好。这时候你变成"领导"了，处在被领导的地位而能够享受领导者的待遇，这个才是最重要的。

第四章
正确处理领导的命令

合理地阳奉阴违

领导者与被领导者之间，要求"一团和气"，却必须提防"一事无成"。

以前的被领导者太过于听话，没有自己的主见，很难受到领导的器重，甚至被领导者当成奴才，任意驱使。久而久之，领导者习惯于呼来喝去，容不得年轻人半点反抗。本来嘛，对奴才何必讲礼貌？更不需要将心比心，为他设想。

而现在的被领导者又太过于叛逆，尤其是一些"90后""00后"，他们心中没有等级观念，率性而为，常常惹得领导者心生厌恶。这样的人别说升职，能否继续留在公司都成问题。被领导者惹怒领导者，领导者虽然不至于喊打喊杀，整人的方法却有很多，常令被领导者动辄得咎，进退维谷。

既不能听话，又不能叛逆，那应该怎样办？这时候中国人"把二看成三"的智慧,就充分派上了用场。被领导者应该在"听话"所形成的"奴才"命运和"顶撞"所造成的"叛逆"罪状之中,走出第三条路来。说起来相当可笑,但合理地阳奉阴违,不就是中庸之道吗?

  被领导者尤其是干部要想清楚,领导者所说的永远都对,并不表示一定要完全遵从领导者的指令去做。因为领导者所要求的是成果,而不是服从。不服从不行,但成果不好更加不允许。有些人认为"用心做事才要紧",于是领导做完决策,百分之百遵照决策内容去做,不管其间有多少变数产生。这样做,相当于陷领导者于不义,也就是将责任踢回去,让领导者承受决策错误的责任,领导者当然不甘心,甚至不屑地取笑:"规定是死的,而人是活的;稍微改变一下都不会,你到底有没有脑筋?"或者说:"我叫你这样做,你就真的完全照搬?如果我叫你去死,你会不会真的去死呢?"可见领导者其实并没有严格要求被领导者彻底遵照执行的意思。

  领导者的指示是正确可行的,被领导者当然没有理由加以变更,反而应该赶紧付诸实施。领导者的指示如果不正确,或者不可行,就不应该盲目去执行,因为后果总需要你自己来承担。领导者绝不会承认"决策错误",永远是被领导者"执行不力"。领导者的决策有所偏差,甚至发生重大的错误,被领导者在执行的时候,应该用心加以调整,使其产生"歪打正着"的效果,领导者才会欣慰嘉勉。

与阳奉阴违相似的还有上有政策、下有对策的行为。自古以来，上有政策、下有对策，已经成为众人皆知的事实。许多人认为中国式的权威是要求无条件地服从，这实在是天大的误解。这是因为中国人讲求"彼此彼此"，几乎都是互相对待的关系，根本不可能做到无条件地服从。但是，从表面上看，中国人相当服从，但凡领导的指示，一律说好，心里却不以为然。所以，默默地不一定按照领导的指示去做，对中国人而言，并不是欺骗上级，反而是尊敬领导的一种表示。有时候领导者的命令让被领导者觉得丧失了尊严，虽然不敢明目张胆地有所抗拒，但是暗地里自作主张，表面上服从，这种做法能把领导者活活气死。

被领导者要明白阳奉阴违和上有政策、下有对策并不相同。上有政策、下有对策是一种权变行为，只要动机纯正，目标掌握得正确，便是随机应变。而阳奉阴违基本上是一种投机取巧的不正当行为，是一种只顾自己不顾整体的不良行为，既然"阴违"，就表示有一些见不得人的成分。

被领导者千万不可将上有政策、下有对策视为办事的宗旨而大行其道，你若是为了贯彻、落实政策才进行调整，因时制宜，这是好事情，领导者不会在乎你的小小调整。但你若是为了自己的利益，故意曲解领导者的决策，那就是营私舞弊，领导者必不会容你，情节严重的话，可能会身陷囹圄。权宜应变的标准就是看你到底是为公还是为私。一切为公，怎么变都是对的,但是只要有一点点为私,你怎么变都是投机取巧,所有人都会怀疑你,变的时候出现一点错误,你就完了。

相比之下,阳奉阴违相当可怕,最好不要将其作为权宜应变的一种方式。被领导者应该把自己的自发性表现在明处,而不应该暗地里去做。但是合理地阳奉阴违,却是灵活变通的表现。

中国人的事情,很难说对错,大多是"合理就好"。过分阳奉阴违,就成了谋取私利的代名词;幅度过小地阳奉阴违,又起不到任何作用。只有合理地阳奉阴违,才能充分调动人们的主动性,用心地把事情做到合理的地步。

合理地阳奉阴违也好,上有政策、下有对策也好,关键在于变通。一切照规定办,其实是毫不用心,完全是一种不负责任、无所作为的心态。规定之外还有很多事情要做,因为法令、规定只是底线。你不违法,有很多事情可以做而你没有做,这就是无所作为或者不作为。

中国人一向讲究情、理、法,情在法之前,最讨厌公事公办、动不动就拿法令来吓唬人的行为。在企业中,如果有人摆出这种脸孔,一定被别人骂拿着鸡毛当令箭,哪怕你的行为是正当的,也得不到其他人的支持,得不到任何部门的配合。孤立无援,工作就无法开展,领导对你也不会满意。

我希望大家一定要有法的观念,但是用法时要动脑筋:

怎么样在法定许可的范围之内做事？我送给大家四个字，叫"合情合理"。我认为，只要你不违法，不伤害别人，一切都可以变通。

也许有人会说，既然有规定，公司上上下下都不遵守，这个规定不就没用了吗？规定是人定的，为了事情更快更好地完成，又没损害任何人的利益，当然可以变通。但是变通不是任意地变，而是在一定的框架范围内变，是外方内圆——规矩是方，变通是圆。在考虑事情时是外方内圆，处理事情时则是外圆内方。一方面是法、理、情，另一方面是情、理、法，这样就完全吻合了。"外方内圆，外圆内方"虽然只是简单的八个字，但是被领导者要想把它做好，需要一辈子的修炼！

听与不听的拿捏

被领导者绝对不可以顶撞领导者，但是一定不要完全听话，两边的平衡点需要自己去把握。对于这一点，干部要更加注意。凡是领导交代的事情，我们都要想：我做不做得到？做得到，而且领导的指令很合理，我们就照做，不想其他的；做不到，而且领导的指令不合理，也要尽量去做，实在做不了，就提醒领导，让他自己改变。但是不要当面顶撞领导，更不要让他在大家面前难堪。

虽然你凭专业判断，觉得领导的决定行不通，但说不定领导比你还专业。若是那样，就糟糕了，也许你太年轻，领导的经验更丰富，他年轻时跟你的想法一样，但是现在的看法更成熟，他讲的才是对的，你就完蛋了。山外有山，人外有人，领导如果真的比你高明，你的顶撞就会变成笑话。

遇到这种情况，要记住两点：第一，不要耽误时间；第二，不要当面顶撞。你可以过后把几个难题写下来，再去找领导，可以这样说："领导，您刚才指示的那几点，我回去就办了，但是遇到这么几个问题，我想我的经验不够，所以来请示您，看有没有办法化解。"这样，用你的有形去换无形，才是最高明的。

用有形去换取无形，才会永恒。有形换取有形，那根本就是浪费资源。做人，要明白一个道理：有形换有形，所有的工作都是白费力。人很奇怪，受西方的影响很深，执着于那些有形的东西，其实聪明人是用有形去换取无形，用有限的时间去换无限的时间，用有限的资源去换取无限的资源，这才叫智慧。

在领导者面前，被领导者怎么小心自己的言行都不过分，只有让领导者感受到尊重，他才会反过来尊重你。有些被领导者见领导客气些，便得意忘形，没大没小起来，弄得领导者不得不摆出高姿态。

在领导者面前，被领导者最好表现得不卑不亢。不可以顶撞，是因为你没有资格顶撞他，没有资格让他难堪，更没有资格在他面前讲直话。因为他是你的上级，道理就这么简单。但也不可卑躬屈膝，唯命是从。最好听与不听相结合，既不可全听，又不能完全不听。当你的意见与领导者的有分歧时，见风转舵，抛弃自己的主见，完全听从他的，他就会认为你太无能；完全不听他的，或者当面直指其错误，会使他的面子受损，就算他表面上宽宏大量，内心也会不舒服，对你自己也是一种伤害。正确的做法应该是合理地坚持，先肯定领导者的意见，再表达自己的意见，或者提出疑问，请教他。当然，也不能过分坚持，否则就成了顶撞，他以为你在挑战他的权威，难免会以势压人。当分歧较大时，被领导者最好不说话，做出一直在深思的样子，让领导者看见，当他主动征求你的意见时，你再婉转表达出来。当你们的意见相同时，不要忘了给予热烈的回应，回应也是一门学问，若是说"您说得太对了""我也是这么想的"，他会以为你是随声附和，最好说："我想了许久都没有想通，原来这样最好。"

有些人常常纠结于该不该听领导的话，总觉得听了，自己的工作不好办，不听又会得罪领导。我经常问一些总经理是否喜欢百依百顺的下属，他们都表示："不喜欢。"有谁会喜欢顺口答应、一点也不动脑筋的人呢？

有所听、有所不听，才会得到器重。有所听是作用，有所不听是根本，本立而道生，因此被领导者更应该切实把握"根本"的"有所不听"，而不是处处留神"作用"的"有所听"。

被领导者不应该存心听话或不听话，而应该时时刻刻提醒自己，最好站在有所不听的立场来有所听。唯有如此，才能够听得恰到好处，成为领导器重的人。

执行命令慢半拍

领导者和被领导者，原本就是互动的。被领导者越勤快，领导者的决策越应该谨慎；领导者的决策品质越差，被领导者执行时越应该慎重。若是被领导者在行动之前毫不顾忌领导者的反应，领导者会认为被领导者心中根本没有自己的存在，他会更加谨慎，防止产生严重的祸患。

中国有句老话叫"只许州官放火，不准百姓点灯"，意思是，越是职位高，越有出主意的自由，随时可以改法。正因为这种随意性，搞得被领导者常常左右为难。很多被领导者对这一点心生抱怨，其实大可不必。如果领导者"放火"放得有理，就应该加以拥护。如果怕领导者随意"放火"，你凡事比他慢半拍就好了，给他调整的空间。

比领导者慢半拍，并不是说你的能力不行，而是心里存着几分敬重，或者几分敬畏，在做决定或处理事务的时候多几分顾虑，必须多花一些心思去猜想领导者可能的反应。如果丝毫不顾虑领导者的立场，一点也不在乎他的观感，放手去做，领导者看在眼里，心里必会认为自己在被领导者的心目当中毫无分量，进而对被领导者的所作所为恼羞成怒。

领导者通常比较有魄力，可以马上决定，立即行动，这是优越的形势使然；但是被领导者在决定和行动之前，应该先想领导会有怎样的看法，适当慢半拍。通常，领导者当机立断的决定会有欠考虑，等领导者冷静下来，他通常会对前番的决策修修补补，甚至完全推翻。被领导者不但不应该埋怨领导者善变，反而应该庆幸自己追随的领导者善变。因为领导者改变主意，自己才可以跟着调整或改变。事实上，被领导者执行得越快，领导者越不敢轻易乱变。所谓"朝令不妥，夕改又何妨"，如果不是自我解嘲，便是被领导者执行不力。在还没有造成事实之前变更，当然没有什么害处。

如果被领导者一接到命令就雷厉风行，即使领导者发现自己之前的考虑欠妥，也没法做出调整了。造成的损失自然得由被领导者承担，因为领导是不会"错"的，只是你执行有偏差，所以吃亏的还是你自己。

所以做事要慢半拍，留给领导者一些调整的空间，要给他继续思考的余地，既是尊重领导者的一种表示，也是对自己的一种保护。否则你执行得越快、越努力、越认真，你的危险就越大，因为你是在拼命证明领导是错的。哪个领导会允许这样的下属存在？他必然会把责任全推给你，让你无立足之地。你不要去怨恨领导，因为出了这种事谁都不想，而且只要自己慢半拍就好了，皆大欢喜岂不更好？

慢半拍还可以使被领导者在做事之前深思熟虑，以免做错。火急火燎、匆匆忙忙地办事，往往会有这样或者那样的小失误，结果总是不完美的。中国人讲究"三思而后行"，慢半拍就是为了"三思"，经过充分的考虑，将每一个细节、每一个步骤规划好，才不至于一做就错。漂漂亮亮地完成领导者交托的任务，一方面体现领导者的决策英明，另一方面又体现出自己执行到位，这样密切配合，上下级的关系又怎会紧张？

但是，做事慢半拍的同时，也要考虑领导的心情，免得领导着急，直接插手，责怪你不用心。慢半拍的关键不在于"慢"，而在于"半"，慢是为了让领导看出你是个慎重、稳妥的可用之人，而不能让领导以为你拖拖拉拉。

很多领导会有这样的抱怨："碰到这些下属，干什么都是慢吞吞的，偏偏我是个急性子，等着被他们急死，还不如自己动手。"许多领导都承认"我并不希望管这么多事"，也"不希望做这么多事"，但是下属能力不足或者不愿意负起责任，一拖再拖，我只好亲力亲为了。你慢到让领导以为你能力不足或者逃避责任，这种"慢半拍"的行为不如没有。

若是领导始终认为你办事拖沓，慢慢吞吞，他就会忍不住要自己做。有些人不懂这种情况的恶果，反而心中窃喜，觉得自己可以轻松了。岂不知这是个恶性循环，其后果不是你承受得了的。

首先，看到领导者总是自己做决定，自己处理事务，有的被领导者就会认为领导者喜欢大事小事一手抓，索性把所有事情都推给领导者，自己无所事事。而领导者见到被领导者这样，就会更加认为其不堪大用，会更加把事情都揽在手里，于是闲的闲死，忙的忙死。领导者忙不过来，就会大骂被领导者无用；被领导者挨骂，就会认为自己很无辜，"明明是你抢着做，不让我们插手，还骂我们"。于是上下级之间关系越来越恶劣，领导者越来越忙得不可开交，甚至忙中出错，影响公司前途。而被领导者无所事事，学不到任何东西，只好碌碌无为。

其次，每个人的做事方法都不一样，看到领导者"珠玉在前"，被领导者就更不好插手了。因为一旦插手，做对了还好，万一做错了，得到一顿批评，自己脸上无光，不如躲得远远的，"不做不错"，还能保存自己的面子。更何况领导者是上级，哪容得自己出手，抢上级的功劳？

对于被领导者的慢半拍，领导者自然要忍耐，但被领导者也须把握好"慢"的度，不让领导者"忍无可忍"才好。干部更应该把握好这个度。

当你"慢半拍"的时候,领导通常会表现得紧张一些,这时你大可不必着急,顶多表面上加紧一些,很快又放慢下来。这才是被领导者的安全"防卫机构"。否则领导一紧张,你就表现得快速,领导一看紧张有效,便会愈来愈紧张,结果你也就得愈来愈快速,最后活活被累死。被领导者有没有能力,能不能善尽责任,用不了多久,领导者便能够了如指掌。那时再"慢半拍",彼此就都能心照不宣了。

有所为有所不为

有些干部常常会问我:为什么领导老是叫我做那些打擦边球的事情呢?

你必须知道,这都是你自己造成的。其实,任何一个明白人都会知道一生一世的所有事情都是自己造成的。为什么孔子推崇"不怨天,不尤人"?即使你怨天,天离得那么远,它帮不上忙,再怪别人也没用。

为什么领导总是把打擦边球的事分配给同一个人做?很简单,身为领导,他有很多时候不得已。很多事情都是从不得已开始的,领导会想:这一关既然过不去,那就放手一搏吧,没准儿可以找到出路。这时,他会马上思考人选。找张三,他马上摇摇头,这个家伙不会听的;找李四,这个人能力不够；找王五，他的人际关系不行；扯来扯去，就想到了某个人。

当领导想将一件事情指派给某一个下属时，他一定会琢磨。把人请去之后，他就会捧几句："我觉得你的表现很好，人缘不错，做事情也蛮有魄力的，现在有件事情要办。我看来看去，大概也只有你能做了，你就想想办法吧！"

基本上，高帽子一戴，几句好话一讲，被找到的人就没有抵抗力了。他回去就会想尽办法去做，如果能够圆满完成，就会给领导留下一个印象——打擦边球的事情这个人也会尽力去做。所以，以后碰到什么麻烦事，领导都找他，最后惹上大麻烦的肯定不会是别人。

这完全是被领导者自己造成的。

从这个角度来看，被领导者一开始就要有原则，做人不可以没有原则，但是这个原则是不能讲出来的。我不相信有人能够在应聘的时候，就把自己的原则讲得很清楚。

有一个年轻人，是某名牌大学的硕士。去应聘的时候，主考官问："你将来到公司，打算怎么样呢？"他回答："我本着当初学习的宗旨，要为公司同人争福利，保障他们的基本权利！"真是一个实在的人！考官一听，直说"太好了，太好了"，但是从此之后再也没联系他。

其实那是必然的，谁让他讲那些话？会讲话的人就会回答："虽然我对这方面的东西了解不多，但我们也许可以把人力资源管理落实，调动员工的潜力。"这样才会有机会。

对于领导，你一定要相信他，对他的所作所为，一定要往正面解释，但也要保护自己，清楚定位。要用你的态度，让领导感觉到你的原则，让他知道你的想法：合法的事情，我会尽量去做；不合法的事情，你打死我，我都不会去做。这样，你才能很安全，领导也会提高警觉：这个人不会做，就不要再去找他，叫别人做就好了。事情也就解决了。这就是我们曾经一再强调的大事化小、小事化了，化解问题于无形之中的道理。

但是，当老板叫你做违法的事，你不可以直接去跟老板表态："老板，如果是合法的事情，那我全力以赴，想尽办法把它完成；如果是不合法的事情，我是不会做的，您不要勉强我。"老板听了这话，只会马上把脸一板："我们公司是专门做不合法的事情的？哪个不合法，你指给我看。你想干什么？"或者说："这事情合不合法，只有你知道，我怎么知道呢？因为是你负责的，那你就清楚了怎么样才能让它合法，你反而来指责我让你做不合法的事，那成什么体统呢？"这么说你就完了，有时骂你两句还是轻的，严重的就直接辞退你了。

你要提高警觉：他是有意的吗？好像不可能，他没必要，他害我也没有用；那他多半是无意的，无意，就表示他不知道这是违法的，那我有责任让他知道这是违法的。这才是正常的反应。

如果你去找他说明不方便，那就等他来问你。如果你不说，他也不问，这件事情就这样不了了之，那就说明他是在试探你：把这个工作交给你，看你会不会做，你会做，他就知道你是个让做什么就会做什么的人，不管违法不违法，将来别人叫你做违法的事你也会做，那最后还是他倒霉，所以他对你是不会欣赏的。

当老板不确定你是直接拒绝他，还是明知道做某事违法，但是不方便来告诉他，他一定会试试看，问你愿不愿意做某件事情，看你怎么回答。

你如果说："那是违法的事情，我当然不会做。"那他就不会再用你，这种人根本就没有人会用。老板会说："你认为是违法，就应该早点来告诉我，你怎么这么拖沓呢？而且你再看相关的法律条文，明明说是合法的，你所知道的法律是从前的，现在已经修改了，你不知道，还反过来怪我？"这就是自寻死路。正确的回答应该是："正在找法律依据。"这是一句话两面说，看他怎么回答，他是什么态度。

如果他说："没有找到法律依据，你不能做。"这就表示他是没有恶意的，只是不太了解情况。你要跟他说明："找是找到了，不过可能和我们的想法相抵触，真的去做就违法了。"你把话说得既婉转又明白，他就会说："那千万不要做。"这样，事情虽然没有做，老板还是很愉快。说到底，违法的事你还是不会做，只是做人情给他，让面子给他而已！几次沟通下来，他最后仍会赏识你。

如果老板说："不用找。"接着把法律依据给你，你就应该很开心，因为幸好没有把心里的话说出来，否则就完蛋了。老板把法律依据给你让你照着去做，你赶快去做就可以了。如果老板拿来的法律依据是旧的，你先什么都不说，等开始做的时候再拿新的依据给老板，说："有一个人不知是出于好意还是坏意，把这个法律条文拿给我看，我正在斟酌如何做。我想来跟您报告，又怕说我搞错了。"

如果他说："不管有没有法律依据，你都要去做。"则说明他是存心的。对此，你还要问"为什么"。为什么每次有违法的事情，老板都叫你去做？其实就是因为你很习惯做这些事情。老板为什么不去找别人？因为别人都不肯去做。

这里头包含很多学问，但是归纳起来很简单，共两个原则：第一，无论如何，不要怀疑老板想害你；第二，你要更小心些。其实你只要做到，隐隐约约让老板自己发现是他的错不是你的错，那你这一辈子就不得了了。"隐隐约约"就是不很明白地，不能很明确地让老板感觉是他的错，那就糟糕了，但是毕竟是他的失误嘛，你扯来扯去，不说你找的资料比他的那个新，那样讲就是不敬，你说"有一个人不知是出于好意还是坏意"，老板自己判断说："这有什么坏意，他给的明明比较新嘛。是我的秘书给我收集资料的时候，没有注意到还有最新的，差点误了大事。"老板骂秘书，实际上是在称赞你。

我常常跟很多人讲一个道理：要在中国做企业，绝对不能违法。也许很多人会怂恿你："没什么，怕什么呢，出事找我好了。"这些话不可靠，因为一旦出了事，他们跑得比谁都快，根本不会有人帮你。你在做事之前，查阅法律条文是很有必要的。我们应该考虑如何做才能完成这件事，又不会触犯法律。如果自己做不到的话，就要向前辈请教。如果你昧着良心，去做违法的事，那就回不了头了。

违法的事，不能做，也不能说。做了，不但害自己，而且会连累领导。说了，极有可能产生两种恶果：一是有人原本有意修理他，正好趁机将他治罪，你说出来，就会成为被人利用的工具；二是他原本可能存心如此，这时候可以改口说他不清楚法令，到处诉苦，将责任全都推给你："他是执行者，最清楚相关法律，如果违法，应该告诉我，我就会下令停办。没想到人心这么坏，在我面前唯唯诺诺，在我后面造谣生事，一心想要害死我。"只要领导人际关系良好，他没有事，你以后的日子将十分难过。而且别人听了，也提高警觉，尽量不用这种"卖主求荣"的人，所以，你将来的升迁真是比登天还要难。

"做事不坐牢"应作为工作的原则。但是很多时候，被领导者都有"不敢拒绝领导"的无奈，如果老板让司机酒后驾车,他能拒绝吗?不拒绝的话,一旦事发,人们都会指责被领导者:"让你做你就做,难道有人用刀逼你做吗?"

有人会问:"我可以不服从吗?"答案正是中国人的看家本领:"很难讲!"就看你如何去把握。把握不好,把责任推给领导,认为他有毛病,不正常,换一个领导就好了,结果换一个情况还可能如此。现在虽然是"良禽择木而栖"的时代,被领导者可以拍案而起,大喊一声"我不干了",但是,偶尔为之可以,天天如此,请问你拿什么养活自己?

良禽择木而栖的先决条件是有木可择,而且自己有本事可以选择,还能够栖得住。若是你根本没有选择的机会,无论遇到什么领导都得扮演好被领导者的角色,恐怕只好反求诸己,来适应领导了。

第五章

达到领导期望的目标

做好领导交办之事

被领导者的本分就是要做好领导交办之事。任何一家企业，它的所有事务都是由其员工来完成的，上一级把任务交办下去，由下一级负责实施。下级完成任务的情况如何，可以作为上级考察的标准，下级的能力、态度、品德等都会通过完成任务的过程来体现。

被领导者要想做好本分，先要搞清楚自己什么该做，什么不该做。比如，有的年轻人，一进入公司，就表现得很积极、很热心，什么事都抢着做，这样的人好不好？不好，因为很多人都会觉得你多管闲事，这么热心干吗？可是你要是一点也不热心，总是推一下动一下，也要挨骂：自私、懒惰、不配合……如此种种，以致很多年轻人都觉得做人真的太难了：你帮忙，可能会被说成多管闲事，但是不帮忙，又有可能被当作不乐于助人。还有的人做到了自己的本分,别的什么都不管,这样其实也不对!只做自己分内的事,这不叫本分。作为一个中国人,你千万记住:把本职工作做好,还要热心帮助别人,这才叫作本分。

把自己的事情做完,就不管其他事了,那不可以;本分没有做好,就拼命去帮助别人,也不对。只要该做的事情没有做,你就没有权利去帮助别人,如果你自己的事还一塌糊涂,却总是要插手别人的事情,不管你做得如何,在别人看来,你都是想讨好、想邀功,有不良企图。别人会这样想:这个人不做自己的本职工作,专门去帮助别人,肯定有什么不良企图!

公司里,没有人敢帮采购员买东西。"哎呀,今天采购不在,我来代理吧。"如果你真的说了这样的话,所有人都会怀疑你:肯定是想拿回扣。另外,如果有人提议:"全公司一起去旅游好不好?"如果你马上跳出来说:"我朋友在旅行社工作。"那么所有人都会怀疑你:又想捞一笔。如果你有朋友是在旅行社工作,千万不要主动讲,等大家找到你时,你还要推辞:"这种事情找别人,不要找我朋友。"如果大家强烈要求你托关系,你再装作勉为其难的样子去办,这样才不会有人怀疑你。

太热心的人总是被别人怀疑,这是有道理的。中国人常说,"无事献殷勤,非奸即盗",说的就是这个道理。一开始就推托,并不是怕麻烦,而是向大家表明你并没有什么不良意图，你原来不想做，是大家求着你，你才做的，这样大家就不会想到其他方面。任何事情，只要做到让别人没有闲话讲，你就成功了。

另外一种情况是，一个人只顾自己，对别人的事情漠不关心。这种人也会被人盯住：这个人是不是心里有别的打算，要不然怎么会这么不关心别人？

所以，你要自己把握好火候，不要"不及"，也不要"过度"。守本分，做自己的本职工作，你可以大胆地守，而帮助别人要很谨慎。这个度一定要把握好。

年轻人通常有很多想法，做事大胆，有创意，这是年轻员工比老员工更有优势的地方，使得他们凡事都想突破条条框框，搞点新花样。有创意是好的，但不能因此而不守规矩。

守规矩，就是按制度办事，一定要搞清楚所有的规章制度。中国人做人实实在在，做事规规矩矩。

我们现在很少强调守规矩，是因为现在很多公司的规章制度根本就不适用——都是东抄西抄的。制度是不可以抄袭的，因为每家公司的状况不一样。而且，很多领导者真的不明白，规章制度是要用来执行的，要由被领导者自己定才有用。所以，强调守规矩，就要了解一点：企业定的制度必须是员工们心甘情愿接受的，必须是他们愿意遵守的。

很多公司要求员工打卡，由此产生了很多弊端。曾经有员工去客户那里修理机器，修理到一半就停了下来，说要回公司打卡。客户不高兴，员工就说："我打卡要紧啊，机器可以明天再来修。"打卡有太多的问题没办法解决，管理的关键在于人。

不要太相信那些死的东西，因为人是活的。换句话说，人们愿意遵守的时候，这就是规矩；不愿意遵守的时候，这就不是规矩。要是一家公司所定的规矩，大家都乐意遵守，就不会出现死守规矩、僵化不懂变通的情况了。领导者把公司、把所有人都限制得那么死有什么意义呢？比如对生产人员，只知道要求他们上下班时间又能产生多少效益呢？要让他们懂得改善、自动地精益求精，公司才能发展。改善是慢慢的、逐渐的，但又是持续的。永远在变，可是不会出现突变，只要突变就有人抗拒。中国人可以变到让人无从抗拒，这就需要掌握方法。

有些中国人很不重视方法。其实我们错了。方法很重要，只要把方法搞对了，就会事半功倍。比如公司想改革薪酬体系，就要讲究方法，一步一步来，不然所有人都会反对。你想改革薪酬体系，就得按照持续而渐变的策略，可以把你的下属找来询问："你觉得我们的薪酬体系合不合理？"这么一句话就够了。如果对方讲"合理"，你就知道他不是你的合作者；如果对方说"不合理"，你要进一步询问："不合理吗？我都没有感觉到，你感觉哪里不合理？"于是他会讲出子丑寅卯。结果，你就这样顺着对方的话，按照自己的思路完成了工作。

经过这么一个过程,调整薪酬体系的方法就出来了,而且是大家想的方法。既然是大家的意见,政策实行起来就没有阻碍。谁再抗拒,谁就是罪人。如果你认为这样做是圆滑、奸诈、阴谋,那就错了,这些绝对是正正当当、实实在在、规规矩矩的方法,你把方法搞对了,就事半功倍了。

我们想尽各种方法,就是为了让事情圆满顺利地完成,特别是领导让你限期完成的时候,你一旦答应,就必须履行承诺。要么不轻易答应人家,要么答应人家后认真执行。这才是标准的做法。

所以领导交代工作后,你不要马上回答"没问题",而是要认真考虑一下,即使很有把握也不要轻率地答应。答应之后就要保证按时完成。按时在中西方有不同的概念。在西方,按时即准时,不早不晚。在中国,按时就是提前完成,如果不提前完成,几乎做不到准时。提前,也是给自己留有余地,有意外情况发生,你也能应付,不然真要逼死自己。如果逼死自己,你就永远没有事了。

多沟通还是多请示

每个被领导者最好要有这样的觉悟:处理任何事务,都要力求圆满。希望领导者看得起你,你便应该切实把分内的工作做好(不仅仅是做得对)。你应该事先多加考虑,把预见的困难和可能的结果分别和领导者沟通,有意见但不必坚持。要与领导者充分配合,做到适时请示,以期上下通力合作,攻克难关。

被领导者向领导者请示的时候,比较老到的领导者通常都会客气地回答:"你自己看着办好了!"你不要相信自己真的可以看着办,因为你一旦做得不好,发生问题时,领导者会毫不客气地指责:"你为什么不事先问问我?"

这样的情况遇得多了,被领导者心里认定领导是老奸巨猾的狐狸,只能自己"学乖",以后做事,一定要请示清楚,不再自己瞎闯,因为挨骂事小,承担不起责任,那才事大。

"看着办"这三个字说着简单,但是如果你拿捏不到位的话,做起来相当不容易。领导说"看着办",你坚持要问个结果,领导也就不谦逊,指示你如何如何。说得越细致,你就得越小心。有的干部遇到这种情况,丝毫不敢改变,完全照着去做。可是做得不好,领导还是会骂:"你为什么如此做?"你要是理直气壮地申诉:"您叫我如此做的。"领导可能更加气愤:"我叫你这么做,你就真的一分不差地做?"这就是听与不听的拿捏。

不听话也错,听话也错,到底该怎么办?如果指责领导的行为是不正当的,那你对中华文化认识太浅!

中国人虽不敢自命不凡，却都认为在规规矩矩、实实在在之外，必须有所权变，才算是有弹性、不执着。在企业里，只知道规规矩矩、实实在在的中国人，是基层的好材料，一辈子都在基层，眼巴巴地看着那些善于权宜变通、时刻不忘求新求变的人士节节高升，即使很不情愿，却也怨不得别人。

中国人喜欢变通，已经到了过分自作主张的地步。不经请示便擅自变更已成为家常便饭，许多领导根本无法确实掌握下属的真正行动，因而非常不放心，以至于不敢相信任何人。富有经验的领导，心里很明白：除非能力实在很差，几乎找不到一个完完全全听话的下属。因此，在领导的眼中，能力与意见多半成正比：你比较听话，领导认为你多半能力差；你意见越多，领导会认为你越有能力。意见多并不坏，最怕顽固地坚持自己的意见，总认为自己的意见是对的。

其实领导也明白，下属总是唯唯诺诺，久了就成了十足的奴才。这样的人虽然平日颇能满足领导的权力欲与自尊心，危急时却会让人觉得非常可恨，朽木不可雕也。而对意见多的下属，如果不接受其建议，三番两次之后，他便变得心灰意懒，表面上不再发表意见，实际上满腹牢骚，而行动上则应付应付，得过且过。

在中国，被领导者不愿意接受指挥，大多不会当面申诉，因为稍不小心就会被斥为顶撞，谁都不愿冒这个险，但颇有腹诽,尤其是挨骂的时候:"这么一点小错误,也要骂得这样难听?"

所以,对于这样的被领导者,领导者当然会更加慎重,表现得礼贤下士。你有所请示的时候,他说"你自己看着办好了!"也是不得已而为之。这是一种客气的表示,被领导者千万不能当真。

如果你相信领导者所说的"自己看着办",就真的"看着办",你就没弄清楚他的心思:"让你自己看着办,你也得有本领、有把握办得好才行啊!一个人行不行,自己最清楚,不行的时候,就不要硬充好汉,怕什么呢?赶快问呀!我不行,还有别人比我行,你看不起我,不愿意委屈问我,也应该问问比我行的人,为什么不呢?"结果是谁灰头土脸?

何况这短短一句话,包含着许多意思。被领导者不得不思考。比如,领导者可以用来提醒被领导者:"你是不是真心在请示?如果你只是存心客气一番,那就不必说出来了,以免上当。若是真心,你就应当事先仔细想一想,提出一些具体的办法来商量,而不是笼统地请示。"或者,领导者用来表示信任下属的能力:"像这一类事情,你要是认真去做,必然能够做得很好,实在用不着我来操心。"最后,也可用来告诫下属:"我既然如此看得起你,你就应该表现得让我看得起,所以要尽力去因应实际情况,求得良好的效果,万一遭遇什么困难,务必及时请示,我们可以合力突破瓶颈,渡过难关,大家才有面子。"既然含有这么多意思，被领导者还不懂得请示领导的话，当你做得不好时，就不能怪领导会毫不客气地指责："你为什么不问问我？"

被领导者请示时，不要抱着"领导肯定比自己强，意见比自己的好"的心态，而是表示对领导的尊重，存心客气一番，顺便探探领导的情况。如果领导早有腹案，自己何必费心伤神？干脆照办，一切有领导负责，天塌下来也不用怕。若是领导没有意见，再自己动脑筋，否则想了半天才发现领导另有盘算，那就白费脑筋了，谁愿意做这种傻事？

被领导者在请示时，一定要用尝试的语气，这样领导才会告诉你。对于中国的领导来说，你要是明白地向他请示，他就会很紧张，因为他觉得你这是想要把责任推给他。他往往认为，你的请示是不怀好意的——我向你请示什么，你决定了，你负责，我就没事了。所以也不要以为凡事都请示领导，他就会高兴。

于是，每次你请示领导，他都会很含含糊糊地给你下个指示，然后两个人相互推。这样根本解决不了问题。要想请示得到很好的效果，就不可以只提问题。缺乏经验的人很容易在这个问题上面吃大亏。比如，明天有个会议，而你负责会务，需要向领导请示要不要准备午餐，如果你直接问："明天的会议，我们要不要准备午餐？"领导会说："你自己衡量衡量。"你想了半天，还是无法决定，再去问他，他还是回答:"你再想想看。"其实,他的心里肯定在想:你真厉害,什么都不想,要把责任推给我啊!

你应该这样跟领导请示:"明天的会议,按理说我们是不应该准备午餐的,因为这是惯例,不过明天情况特殊一点,我们要不要考虑准备午餐?"

他说:"这样也好。"

你再接着说:"如果准备得太丰富的话,我们负担不起,可是太简陋了,人家又会骂我们,所以我们是不是到了某一个程度就好?"

他一定会问:"哪种程度?"

你最好不要给出明确的标准,而是应该说:"我觉得吃了会觉得很愉快的那种程度就可以。"

然后他一定会说:"那就照你的意思办。"

他绝不会说"照我的意思",所以最后还是你负责,用一句话来说就是"因为形势比人强"。

实际上,被领导者之所以处处被动,是因为领导者都在用势。他不必用权,也很少用权,因为用权就要决定,决定就要负责。权是有限的,一用就完,若是拿在手里不用,他就可以永远有权。

中国人真的很厉害,很会造势,让你非听他的不可,但是最后事情还是要由你来负责。所以,真正有权的人并不会去用权,而是会把这个势造出来。

领导的势比你强，这一点你不得不承认。正是因为领导的地位比你高，你不得不维护领导的地位和权威。比如，你不可以问领导问题，一旦问问题，就等于把责任推给他。你也不能不问，你不去问，领导就认为你擅作主张。

不少缺乏经验的人身受其苦，在这些问题上力不从心，无法应对。我认为，遇事需要请示时先要说明：现在有一件事情，状况是这样的……再看领导要不要听下去。

这时可能遇到几种情况。第一种情况：他根本就不想听，表示他知道，你就不用再啰唆什么，他不讲话是给你面子。第二种情况：他完全没有反应，就表示他都知道了，你也没有必要再说下去了。第三种情况：他会看着你，很专心地听，这就表示他不知道，或者他已经知道，但还想听你怎么说。这时，你就接着说你跟××研讨过，结果是这样的，但是不敢决定，所以提出来请示。这样做，领导会非常高兴，因为你有腹案。是腹案而不是答案，有答案是不行的，因为答案不可以是你做出来的，必须是领导给的。这个原则大家要掌握——先有腹案再来请示。

带着腹案请示，只需要说过程和想法，接下来领导一定会问："你觉得怎么做比较好？"很显然，没有一个人喜欢伤脑筋，若是领导整天要伤脑筋，还要你干什么？设身处地想想，一个人好不容易熬到领导的位置，成了坐轿子的人，坐轿子的人是要闭目养神的，如果坐在轿子里面还一会儿一件事，坐一会儿就要下来，那就干脆不要坐了。而抬轿子的要抬得让领导安心，这才是合格的被领导者。如果抬轿子的一直问："领导，现在要向右拐还是向左拐？"坐轿子的需要不停地自己看路，那么领导者就完全不像领导者了。

从领导的角度来看，作为下属，你空着脑袋来向他请示，表示你没有尽责任。你的方案怎么样，把方案给他，让他判断，可以；你空着脑袋来找他，叫他伤脑筋，免谈。所以，作为干部，你一定要设身处地替领导着想。遇到问题要了解现状，做大量的调研和组织工作，然后形成腹案，带着腹案去让领导做决定。

一个好的干部既要做到让领导不操心，又要很尊重领导，缺一不可。让领导操心，领导就会觉得你不管用；而不尊重领导，领导就会觉得你功高震主，随时准备把你"干掉"。

所以，你要特别小心。当你准备的解决方案与领导心目当中可能产生的方案有出入时，你一定要再想。如果实在没有更好的办法时，你就实话实说，这叫作尽忠竭智。什么叫竭智？就是你的智慧统统出来了，只能想到这里。这时，领导就会再问别人，于是各种意见互相碰撞，就会撞出火花，那才是最好的决策。

内外环境在不断地变动，同样的问题，每一次都会有不同的答案。所以，想成为一个真正的最高决策者，不是那么简单的。领导不会让你知道他的想法，而你要努力做出符合领导意图的决定。这就需要你随时调整，根据领导的反应来判断你是否符合他的想法。

即使领导明白指示，你也不能完全照办，还是应该适当地予以变更。因为遭遇到实际困难，明知照着去做必然行不通时，仍然硬着头皮去做，别人不是嘲笑你死脑筋，不会变通，便是怀疑你存心不良。不如好好加以调整，使其效果良好，一方面让领导满意，另一方面也考验你自己的变通能力，两全其美，才是真正的上策。

有了错误善于补过

虽然每个决策都是慎重做出的，但现实情况总是变动的，其结果可能好也可能坏。每当成果斐然，各自争功时，有的干部会说这样的话："你们认为效果良好，是由于指示正确，其实是不对的。如果不是我在过程中极力调整、变更，哪里还有这种成果！"相反地，结果非常糟糕，大家互相透过，干部可能会说："我已经尽了最大的努力，一再变更、修改，结果还是这么糟，如果原原本本照着指示去做，恐怕结果比现在更糟！"

中国人的道理就是：只要结果圆满，过程有些变更，大家都能接受，甚至赞美有加——幸好变更，变得恰到好处；

即使决算超过预算好几倍，大家也多半不愿煞风景，提出来检讨。要是结果不圆满，就处处有问题，人人有责任。这样吵下去，不仅得不到好的结果，只会让事情越来越糟。因为功劳是让出来的，而责任则是抢出来的。一让，大家都有功劳；一争，责任就十分清楚。

有缺失，最好自己承担，不论是领导者还是被领导者。领导者若是勇敢地率先承担责任，被领导者自然不好意思，也会紧跟着承认错误。这时候，面子问题变得很奇特，你忽然间觉得不承认错误反而没有面子，跟着领导坦承自己的缺失，才是有面子的人。如此一层一层向下传递，大家都不推，缺失则比较容易明朗化。所以，当领导承担责任时，你别傻傻地认为：这下好了，终于有人扛起责任了，没我的事了。领导都承认错误了，你还不赶快负起责任，努力改善局面，结果可想而知。

如果真是你的问题，你不妨向领导俯首认错，不要抵赖。一般情况下，领导对这种事心知肚明，会给你留下面子，私下找你谈。公开场合可以不承认错误，私底下若是承认，只要保证以后不再犯同样的错误，领导依然可以接纳你。对不公开认错的人，领导通常加以谅解；对单独相询仍不认错的人，领导就会加以劝导。你再不认，就是逼领导撕破脸皮了。

主动检讨错误，并不会触怒领导。很多年轻人，犯了错也不敢承认，将错就错，甚至一错再错，这才是最要命的。

检讨的时候，最好不要以人为对象，而是拿事实来分析，并且把过失归于自己，才能让领导了解事情的始末，也能让他明白你是有意还是无心。

检讨的目的并不在于承认错误或道歉，而是通过检讨，来寻找执行时所带来的缺失，把真正的原因找出来，详细记载，作为下次计划的参考。"不贰过"才是检讨的有效功能，永远不再犯同样的错误，那才厉害。

执行计划必然产生不相同的后果，与预期的相符，也要检讨原因，为什么如此吻合？是预测精准，还是调整、应变得宜？是原计划预留弹性，还是领导的大力支持？与预期的不相符合，甚至完全相反，当然应该探索究竟，问题出在什么地方？至于那些半途而废，执行不到一半就动弹不得，不得不宣告放弃的，尤其需要用心检讨，找出病源，以便根治。不可因为人事变动，认为反正当事人已经离职他去，或者人情因素，当事人是多年上级或老同事，便虚应故事，不做实质的检讨，以致因循苟且，重复犯错，养成胡乱计划、马虎执行的不良习惯，害己害人。

一般说来，执行结果不理想，主要有三种原因。

第一，计划本身有偏差及失误，执行时即使用心调整，也难以制宜。不论整体计划或部分计划出差错，都会严重影响到执行成果，使其不能符合预期的目标。这种缺失，必须明确记载，提供给计划人员作为前车之鉴，以免再犯。

第二，执行者擅自做主，任意变更计划的主旨和目标，已经属于离经叛道的行为。不论是整体或部分受到扭曲，结果必然大幅度走样。不管是有意或无意，都可能造成不良的后果。这种缺失，应该寻找出真正的原因，和执行者沟通，提供改进的经验，使以后的执行者有所避免。

第三，计划者和执行者都很用心，却由于内外环境的重大变动，以致无法按照原有计划执行。这种情形下，并不能完全指责计划者的预测不够精准，也不能归咎于执行者的应变能力不足。但是也应该检讨缺失，作为以后的参考。

检讨缺失，是为了积极改进，即使不能东山再起，也可作为下次改进的参考，而不是追究责任，弄得人心惶惶。一味地追究责任，反而让对手有机可乘，或者造成自己乱了阵脚，岂非得不偿失？检讨缺失，还有利于培养更佳的计划和执行能力。

被领导者只要能认真检讨，换取一些宝贵经验，以使下次做得更好，领导者通常不会苛责。领导者若是揪着下属的"小辫子"不放，下属承认错误，领导者立即加以指责，把所有责任都推给他："他自己承认的，还有什么话讲？"这会使得以后下属不肯承认缺失，也不愿意承担责任。

被领导者"小过不断"并不是什么骇人听闻的事情，但领导者常骂人"大过不犯，小过不断"，好像是不可原谅的罪过。其实"多做多错"不正是"小过不断"的根源吗？领导者不喜欢"小过不断",被领导者只好以"不做不错"来保护自己,又有什么不对的地方?

如果你的领导容许你犯错,只要是无心的小过,他都不会处罚,你才敢多做,才敢自省,才敢坦白承认。如果你犯了有意的、大的甚至违法的过错,领导当然要罚你。罚大的,不罚小的,你也会容易接受。而你自我检讨后,下决心"不贰过",就可以无大过了。

常常检讨,积累经验,才有机会获得大成功。中途检讨,还可以在发现重大缺失的时候,提出补救计划,以便采取挽救措施,使计划得以顺利。所以,检讨不一定要等到执行完毕或无法执行时才进行,在执行的过程中,分成若干阶段来检讨,其效果有时比终了检讨还有价值。而中途补救,当然比半途而废来得好。

中途补救发生在你不能按时完成任务,而且领导也确定这件事情不能按时完成的时候。碰到这种情况,不要想着"神仙来都没有办法",这是一种无所作为的态度——怎么能没有办法呢?任何事都有解决的办法,只要你正面对待,而不是采取欺瞒的形式。人心都是肉长的,只要你态度诚恳、积极,事情往往都能解决。

第六章
获得授权时做好本分

多承担责任，少争权力

西方人以权为重，你给我多少权，我尽多少责任；中国人则恰好相反，你尽了责任我就给你权，你没有尽责任我就不给你权。可见，在中国，只有有责任的人才可以有权，不负责任的人是不能够有权的。权责范围以责为重，而不是以权为重。

因此，中国人不可能不授权，但我们的授权往往属于那种不明言的授权。西方人的习惯是一切都说清楚、说明白，即"明言"。中国人在这方面与西方人不一样，我们是不得已才"明言"，平时尽量"不明言"。这就是我们总喜欢旁敲侧击的原因。干部要听清领导的言外之意，明白自己是否有权限，有多大权限。

如果一切"明言"，就没有什么所谓的旁敲侧击可言。换句话说，话讲得太清楚，你就会得罪很多人。在现实生活中"不明言"的目的有二：一是避免得罪人，二是避免把自己逼进死胡同。所以中国人讲究含蓄，讲究"点到为止"，留一些东西让你去猜。

一个人的职位越高，越会避免把话讲得很清楚。如果把话讲得很清楚，他就等于把自己逼到死胡同里。所以，干部要体谅领导的难处，不要埋怨他讲话含含糊糊，更不能直截了当去问他：这件事情您到底授权到什么地步？如果这么问，就是明摆着要夺领导的权。

在中国，下属获得授权的关键，就是如何让领导放心授权。尽管上级和下级总是各说各话，但是心里很清楚彼此的真实意思。当领导授权给你，你应该说"我会向您请示的"，这样他才会很放心；假如领导授权给你之后，你摆出一副胸有成竹的样子，回答"我知道的，我会在权限范围里面去运作"，他就会开始对你不放心了。

聪明的干部都会做到这一点。比如一些业务代表，他们出来进行谈判，绝对是经过授权的。谈到最后时，如果他们说"我回去再向领导请示一下"，这样的人就是值得欣赏的；如果他们说"行，就这样定了"，这样的人就很危险——领导都不敢用这样的下属。

权是可以拿来改变人、改变事情的力量。你要想得到授权，先得承担责任。人这一辈子，基本上就是要善尽责任，少讲权力。现在流行一句话："不要让你的权力睡着了。"我不太赞成这种说法。为什么不要让权力"睡着",不"睡着"又能怎么样?

你承担多大责任,领导就授予你多大权力,而不是首先授权给你,你才去尽责任。表面上看,中国人喜欢把过错推给别人,不喜欢由自己来承担责任。而实际上,中国人把责任推给别人,只不过是为了保住自己的面子,表面上抵挡一下,在暗地里、私底下,自己则会检讨、好好改进,这也是实质上的自我反省。真正的责任,到最后应该谁负责就由谁负责,每个人都推不掉。

既然权和责密不可分,到底是分层负责好还是分层授权好呢?西方人很喜欢讲分层授权,中国人则比较喜欢讲分层负责。你负责当然可以授权给你,若是不负责我还给你授什么权?这当中自然有一个轻重权衡。当然,我们有时候也会先授权,可那是特殊情形、特殊人物、特殊事情及特殊环境。一般来讲,大部分人是不会那样做的。

既然你只有责而没有权,就没有必要表现出权力欲。一旦把自己的真实意图表现出来,就会成为众矢之的,不但同事会攻击你,连领导的警觉性也会很高。我们经常说"授权","授",就表示那是他主动给的,而不是你争取的。西方人喜欢讲企图心,只要某个人有这个企图,上级就会给他授权。但中国人很怕你有企图心。如果你满脑子都是西方的那一套，满脑子企图心，最后只会自食其果。中国人的想法是：谁要，领导就偏不给谁，专门挑那些摆手说"不要"的人来授权。

你不能让领导看出你很想抓权。一个喜欢抓权的人迟早是要倒霉的。领导们喜欢做事情的人，不喜欢抓权的人，如果你让领导知道你很想得到授权，他肯定不会授权给你。你要把企图心隐藏起来，不要轻易暴露，这是一种文化，它既不是对错问题，也与奸诈没有关系。比如你升职了，大家都来恭喜你时，你绝对不能讲实在话，不要说："我很开心，我终于升官了。"而应该说："我实在不想坐这个位子，今年不知道怎么搞的，推半天都推不掉。"实际上，你越是这样说话，就越能被领导赏识，这里面的关系很微妙。

你不要自告奋勇，更不要与领导抢夺权力。你没有跟领导抢权的资格，最好的办法就是将权力统统让给他，这样一来，他就会分一点权给你。你越不要权，他越会放心地给你；你表现得越好，他对你就越信任。

领导喜欢照顾不争的人，而不太喜欢那种争取权力的人。只给争的人一点点好处，照旧会去照顾那些不争的人。经常会有这样的结果——想要权力的人争了半天却被"干掉"了，在旁边不作声的人反而得到了好处。

得到领导的授权后，你一定要记住四个字：及时汇报。"及时"这两个字很重要，很多人却经常忽视这一问题。领导到你这儿来视察工作,你完全不当一回事,他回去后一定会打电话把你叫去大骂一通。他心里想:我到你这儿来是关心你,就是要你向我汇报的,你却默不作声,那我还授权给你干吗?

所以你以后要记住,领导到你那儿去,你一定要抓住机会就向他汇报,这样领导以后才会常来,才会继续对你放心授权,而你也才会有不断升迁的可能。

不越权,不弄权,不失职

干部得到授权,最忌讳的是越权和弄权。无论是哪一项,都是自寻死路。但是过于谨小慎微,唯唯诺诺,什么都不敢做,却造成了失职,这就是矫枉过正。所谓越权,便是做了不该做的工作;所谓弄权,就是想方设法最大限度地扩张自己的权力;所谓失职,就是该做的工作没有做。无论在哪一个组织中,任何人一不小心都会失职或者越权,而弄权多是有意为之。

越权和失职有何危害呢?在《韩非子》中,有一则"昭侯醉酒"的典故,值得被领导者用心琢磨。这个故事的大意是:韩昭侯酒醉睡着了,典衣(专门管衣服的人)不在,典冠(专门管帽子的人)怕昭侯着凉,就拿衣服盖在昭侯身上。

昭侯醒来，十分高兴下属对他如此关心，但他知道是典冠给他盖的，就因典冠越权、典衣失职而处罚了他们。

这个故事看起来很简单，仔细想想，却能从中领悟很多道理，包括干部在内的每一个被领导者都要深以为戒。从韩昭侯的反应看，领导者对下属越权和失职的行为，都不能容忍，对越权的行为尤其痛恨，因为越权必定威胁到领导的地位。

很多领导者之所以吝于授权，是因为每个领导者都有属于自己的权限，一旦将自己的权力充分授予他人，自己就会被架空。一般来说，授权多发生在问题出现之时，这时的短暂授权是为了马上解决问题，而平时的责、权则经常是不统一的。

权力历来都是一个敏感而重要的问题，侵犯了上面的权力叫越权，侵犯了平行的权力也是越权。

那么，到底是越权可怕还是失职可怕？这就要看你的职位高低。对职位高的人来说，越权更可怕；对职位低的人来说，失职当然比越权还要可怕。作为中高层干部，你早一天养成越权可怕的观念，你就会升迁得快一点。你越不会越权，上司就越放心提拔你；你一越权，他绝对不敢提拔你。有人认为自己很委屈，自己很有能力，上司却怎么也不考虑他，其实就是因为上司发现他会越权，担心以后会侵犯到自己。所以，中高层干部要早一天把自己的观念调整过来——越权比失职可怕。

一个人应该时时刻刻记住：不越权不够，不失职也不够，要两边都做到，同时又把自己的本职工作做好才行。也就是说，一方面把自己的本分工作做好，一方面顾虑到领导的感受，你才有前途。所以中国人的眼睛老是往上看，这不是巴结，也不是讨好，而是将心比心。

当然最理想的是既不越权又不失职，这也是我们努力的目标，但很难做到。在组织中，很多人就处于典冠这样"做也死，不做也死，溜又溜不掉"的尴尬局面：不能不做，否则事后追究责任，一定在劫难逃。虽然这不是你职责范围内的工作，但是中国人的岗位说明书中，最后一栏一定是"其他"。这个"其他"包含了很多含义，既在无形中赋予了每个职位一些特殊的责任，当然也为领导追究相关责任提供了权力。很多干部名义上有某种权力，实际上根据事情的大小，其权力也可大可小，一旦自作主张，就可能构成越权。当然，你想溜走也是不可能的。虽然你可以辞职，但是这种状况会时时出现，你又能辞得了几家？

作为一个中国人，无论前面的环境有多艰难，你都不可以退却，要学会隐忍，适应艰难的环境正是磨炼自己的绝好机会。很多事情都是无法逃避的，只能选择面对；但是切记不能硬闯，而是要开动脑筋，灵活应对，极力为自己寻到一条活路，跳出这种困局，想方设法把最不幸变成最幸运。

以故事中的典冠为例，他的活路可能是，找别人去做这件事，谁做了由谁负责。因为他自己去做，昭侯一定会怀疑他的动机，而且没有人会证明他的清白；如果他不做，又会被认为他不关心昭侯。找别人去做，把衣服盖在昭侯身上。等昭侯醒过来询问时，左右肯定会禀告是他让别人做的。这种做法会证明他们彼此的动机都很纯正，最终双方都会获得奖励。

中国人很重视动机，而动机偏偏又是看不见的；西方人不重视动机，就是因为他们认为动机根本看不见。所以，中国人往往相信自己的感觉胜过别人的话。如果他认为你的动机纯正，自然没有问题；但是一旦对你的动机表示怀疑，他就会对此深究下去。一定要记住：越是与高层管理者在一起，越是要小心翼翼。

另外，干部遇到问题一定要多动脑筋，不要整天发牢骚、诉苦，那样毫无用处。建议大家从现在起就开始养成一个好习惯，无论遇到什么事，闭上嘴，动脑子，想一想怎样才能既不越权，又不失职。这是我们从"昭侯醉酒"这个典故中应该学到的。如果干部只从这个典故受到负面影响，认为典冠担心昭侯着凉，好心好意把衣服盖在他的身上，反而招来祸端，实在是令人心灰意冷，不敢多做事，那就误入歧途了。若是你的脑海里始终存有一种"多做多错，少做少错，不做不错"的错误观念，结果只会是害了自己。

干部如果存有恐惧心理，干脆不闻不问，认为反正事不关己，何必操心，结果也势必遭遇同等凄惨的恶果。这种"左右为难""东也不是，西也不是"的困境，是中国社会随时随地都可能遇见的情况，想逃也逃不掉。只有勇敢面对，想办法化解，才是唯一的办法。

化解问题与解决问题也有所不同。解决不过是公事公办，不必计较太多，做了就是；化解则是竭尽心力，要设想对方的感受以及可能产生的情绪反应。干部不管做什么事，动机都要纯正，一旦被怀疑动机不纯，就会百口难辩。因此，不要等到危机四伏时才来动脑筋，凡事都要先想一想这样处置可能会引起哪些怀疑，尽量事先避免，这是自己获得安全保障的有效方式。

当然，干部得到授权，只是得到了责任而已。你只能获得一定范围内的权力，也就是说领导授给你的权力是相对的、有限的。但由于权力会直接带来相关利益，因此干部掌握权力的欲望就会不断膨胀，这就成了弄权。

在中国古代，皇帝的权力很大，想把权授给谁就授给谁。皇帝完全相信并授权给宰相，宰相一定会作乱；皇帝授权给太监，会造成宦官作乱；皇帝若是授权给皇后，极有可能得到外戚作乱的结果。总之，授权给谁，谁就作乱，这就是玩弄权力的必然结果。

不失职，不弄权，也不越权，不仅是干部时刻谨记的，更是我们每一个人都应该时刻自勉的。一个人如果能够具备这样的素养，自然就会化解两难的障碍，从而也就不可能"多做多错，少做少错，不做不错"了。

时时汇报，让领导放心

干部要想获得授权，必须学会随时向领导汇报，让领导放心。有的人会觉得很奇怪：领导对别人那么放心地授权，唯独对我总是很吝啬、很戒备，从不授权，这是为什么？其实就是你没有向他汇报，而别人则是无论大小事情都向他汇报，这就是问题的关键。

干部应该学会"向上管理"，但是你"能做不能说"，说了徒然惹领导心里不舒服，对自己也不利。领导会觉得："我都不想管你，想不到你还想来管我！"在中国，向下管理尚属不明言，何况向上管理？

向上管理的基础，在于安领导的心。唯有领导安心，才有向上管理的可能。若是一开始便惊动领导，引起领导的怀疑和不满，便根本没有向上管理的余地，不过是空口说白话，说得好听而已。

想安领导的心，你先得把自己分内的事做好。工作做不好，领导很担心，当然难以安心；工作很努力，成果不良好，领导也放不下心。唯有以"用心做事，确保成果"来代替"努力工作，尽力而为"，才能够使领导安心。

一般人总认为努力工作已经相当不错，却不知所努力的是哪些工作，所运用的工具和方法正确与否，所达成的成果如何，以及所造成的后遗症如何，这些远比努力工作更加重要。有些人把"尽力而为"挂在嘴边上，处处透着"不敢保证效果如何"的意味，着实令人不敢放心。用心做事，把自己的心和事情结合起来，将自己的心思渗入所办的事情里面去，自然具有"确保成果"的决心和信心，领导才能够放心——把一颗七上八下的心安放下来，当然安心。

即使用心做事，也难保没有遭遇难题，或者受到外来的干扰。能不能如期完成？结果是否良好？这些问题常常令领导觉得不安，产生"问也不好，不问也不好"的矛盾心理。有一个总经理跟我讲："我要开业务汇报，结果业务经理不来。打电话给他，他说，业务不是开会开出来的，而是做出来的。他讲得很对，我也无话可说，但是我一点也不放心。"

想让领导放心，其实非常简单，就是四个字而已——及时汇报。现在许多人在工作上最大的缺失，就是不懂得及时汇报。当领导把工作交给你了，就说明他知道你有能力，也知道你能如期完成，可是毕竟没有把握，因为这里头变数很多。交给你之后，他不能问，问了就好像是不相信你；可是不问，他又不放心。让领导左右为难的人，又怎么讨领导的喜欢？及时地汇报一下："我这进度已经到70%了，大概再过两个月我可以完成，你放心好了。"哪怕跟他的助理讲一讲，也能让他放心。

工作进行得如何？有没有遭遇到什么困难？是否已经解决？后面的进程如何？能不能如期完成？有没有圆满完成的把握？这些问题领导之所以不方便问，是因为要顾虑下属的面子。下属自动向领导汇报，一方面自己有面子，另一方面也使领导安心。领导最担心、害怕的是，一直认为没有问题的事情，到了即将验收的时刻，才发现不可能完成，或者品质较差，无法交代，而且时间被耽误掉，难以补救。下属再承认错误，再愿意负起责任，领导也无法安心。

得到领导的器重，你要注意低调行事，别让其他同事、朋友知道你具有多少影响力，向上管理的成效才能够持久。如果有闲言碎语引起领导的警觉，他就会自我克制，以求保护自己，不受你的左右。

你做事要让领导放心，做人也要让领导放心。有一句话这么说：老板永远是对的。他的决定你要遵守。即使要变通，也要请示领导，将你的想法告知他，看看能否在目前这种状况下，稍微通融一下……人情要留给领导做。

如果你认为领导同意变通是给面子，领导就会觉得你这个人不够意思。你应该这样说："您同意通融，我让对方来跟您谈，人情您来做。"对外则要宣称："这是我们领导通融的，我做不了主。"这样的下属做人做事都过关，领导当然赏识。

当事情很急迫，来不及请示时，你事后也要报告领导。大小事情都要让领导知道，他才会放心。有时间先报告，没有时间，可以先斩后奏。但即便是先斩后奏也一定要奏，否则你自己就会被"斩"。

有时间但你不报告，就表示你有隐瞒，想搞鬼；没有时间你还来报告，那就说明你存心捣乱。这就是领导的心理，所以你很可能报告也挨骂，不报告也挨骂。

我在当领导时，会对自己的下属讲：只要时间许可，你没有请示我，就不要乱变，如果你变了，所有的变我都不接受，你自己负责；假如时间不许可，你先变，不要先请示我，不要耽误时间，可以事后再来告诉我。

向领导汇报，是要让他了解情况，同时你也要看看他的反应，这样才能做到知己知彼，胸中有数，掌握主动权。汇报要择时、择机，点到为止。汇报是否是领导所需要的，是否能引起领导的重视，取决于你汇报的态度、叙述方式以及汇报时所选择的时间和地点等一些需要审时度势的因素。

有时候汇报不一定直接面对领导，你可以跟领导的助理打个招呼，把事情说给他听，让他找准机会替你汇报。为什么不直接对领导讲？

因为领导有时候觉得很烦。人很奇怪，你不讲他很担心，你讲他很烦："做就是了嘛，还告诉我做什么？每个人告诉我,我还怎么做事?"那你就自讨没趣了。而且你事事跟领导汇报,就得罪了他身边的人,别人就会整你,为难你,使你无法完成任务。偏偏这些东西,教科书里面从来没有提过。领导坐在那里,你完全不知道他在想什么,因为他的心思是变来变去的,你完全没有办法掌握。最好的办法就是,跟他身边的人一定要处好,这些人职位不高,但是权势很大。

干部应该主动去找领导。很多干部不到万不得已不太愿意主动去找领导,好像大家都有些畏上的情绪。跟他身边的人搞好关系,有事委托他们,心理负担就不会那么大了。

其实,最好的干部要做到让领导找你,而不要你总去找他。怎样才能做到让领导找你,这是一门学问。要做到领导非找你不可,你就会很有前途;天天巴结领导,只会跟着领导走,反而没有前途。

防止领导上侵下职

俗语说:"上下一条心,黄土变成金。"上下级之间能不能互相了解,彼此体谅,是管理是否有成效的决定性因素之一。上下的默契,从"避免上侵下职"开始。所谓上侵下职,就是领导把下属的事情抢着办了,反过来指责下属偷懒、不负责。

管理上原本有一条法则，称为"例外法则"。"例外法则"是指凡是下属能够办理的事情，领导不可以处理，应该放手让下属去做。领导的职责在于处理下属所不能做的事，若是下属不会做，领导要教导、辅助下属。若是下属会做而不敢做、不肯做、不多做，领导更应该找出原因，加以改善。

实际上，领导们也乐得轻闲，他们经常这样说："我并不是天生的劳碌命，一定要折磨自己才甘心。下属会做的，我当然让他们去做。但是他们做不来、做不好的事情，我要花那么多时间去教他们，不如自己做，反而方便得多，至少不必受气。"

由此可见，他们并不是非要插手下属的工作不可，只是迫不得已。作为领导的下属，干部应该好好想想，如果你的领导插手你的工作，到底是为了什么。应少怪别人，多反省自己。曾子每天都反省——一个人每天自省，才最有长进。找到了原因，加以改正，让领导放心，他才会放手让你去施展。

是不是自己笨手笨脚的，让领导看在眼里，急在心里，最会忍不住出手？很多领导忍受不了下属缓慢的步调，认为他们不如自己那么快速敏捷，一下子就能决定、动手、办妥。

有的干部之所以看起来有些笨手笨脚，大多是由于领导的压力，而不是他们的水平不行。因为一旦领导不在，他们就会自在得很，哪里会笨手笨脚？这种情况下，干部最好要加快一点速度，不要让领导达到忍无可忍的程度。

是不是在领导面前有所顾虑，才会慢半拍？干部在决定和行动之前，会先想一想领导有什么样的看法，所以永远显得比领导慢半拍。你要让领导明白，你是为了尊重他才会故意慢一点，而不是水平不行。

是不是你经常摆出一副爱做不做的样子，于是领导干脆自己动手？你应该多体谅领导的难处，不要和领导赌气，爱做不做最终影响的是自己，因为你混日子的话，浪费的是自己的时间。

是不是你马马虎虎的态度，让领导害怕你把事情办砸了？有些领导认为与其给下属收拾残局，不如自己动手更简单。若是这样，你有义务努力工作，帮助领导改善这种印象。一步一步通过日常小事的完善执行，争取领导小小的信任，通过不断的考验，逐步建立领导对你的信心。

是不是你表现太张狂，显得领导毫无能力，领导不得已才表现一下？其实越有能力的干部越应该合理表现，否则的话，很容易形成二虎相争的局面，不但对自己不利，也会影响整个公司的发展。

不论上面哪一点，都不是领导上侵下职的理由，干部只要用心，都可以使这些理由消弭于无形。

干部有效防止上侵下职，就能为自己争取足够的工作空间，边学习边磨炼，做出成绩，这样领导也才能有成就感。

干部能做的事情，尽量做好，随时向领导汇报，让领导安心。领导少干预，干部才能够自己承担应尽的责任。当然，让干部充分发挥才能，领导也不是无所事事，更谈不上偷懒。他虽然不插手具体事务，但要做的事情仍然很多，包括合理地指派工作、全面掌握下属的动态、及时加以指导和辅助、确保下属如期完成使命等，一点也不轻松。

干部遇到上级插手自己的工作，已经很不舒服了，若是上级越级指示你的下属，你会更难受。一旦发生这种事，你即使看不过去，也不可以去反对这件事情，因为反对后吃亏的一定是你自己。

比如，你去跟领导说："您有事情应该找我才对啊，怎么直接找到我的下属呢？"

领导会说："我怎么没找你？我找了，但是你不在啊！不晓得你跑到哪里去了。我不骂你都好了，你还好意思过来问我？"这样你就很被动了，并且需要承受另外的压力。因为领导直接找了你的下属后，会回头向你打听进度，要是你不清楚，领导就会认为你工作不上心："你什么都不知道，还当什么干部啊？"领导常常利用这种方法考验你的领导能力，看你是否掌控得住自己的下属——下属干什么你是不是都知道。你掌控得住，他比较放心；掌控不住，他就要加强管理。

如果不是出于这个目的，那么他就可能是故意让你难堪。你做的某些事情令他不满意，可是他又不能讲。你要想想其中有什么过节，要想办法做一些补救。这个补救，既不是道歉，也不是说明——说明没有用，道歉也没有用，要用实际行动让对方感觉到你的诚意。因为中国人不太爱听，也不太愿意相信别人的话，只是非常相信自己的感觉。如果领导对此事做出解释，你要明白，他是在告诉你：这一次就这样吧，下次注意。我们要学会听言外之意。

出现这种事，关键还是在你身上。要做到让你的下属愿意跟你汇报，你就成功了。假设你把所有的下属叫来说："以后凡是大领导直接交办的事情，都要让我知道，不然我怎么当主管、当干部呢？"下属们嘴上答应得好，若是心里头不服气，照样不汇报，甚至会想："你不如直接去问大领导，干吗来问我？你不敢去问大领导，吃柿子专拣软的捏，我更不服气，我就是不理你。"要知道，对待中国人，用强制的手段常常没有什么作用，我们是吃软不吃硬的。

要想解决这样的问题，就要运用中国式管理。你硬来的，两败俱伤；用和缓的态度，两边都受益。你可以把下属找来说："大领导比我大，他可以找我，当然也可以找你们，没有错（这些话若是被大领导听到，他也不会以为你在发牢骚）。以后凡是大领导要你们做的事情，你们去做就是了，不用告诉我。你们不告诉我，事情要做，告诉我了，事情还是要做，结果一样，就不必多此一举了。"然后放低声音，继续宣布，"需要我负责的事情，才告诉我；不需要我负责任的，就不必告诉我。"这样做，能够使得你的领导直接找过的人都会把事情告诉你，因为他们不愿意负责。

若是他们不告诉，你当然也知道，世上没有不透风的墙。但是这种时候，你要假装不知道，让他们自己承担后果。当他们自己处理不了了，来找你，你完全不要理他们，要装作不知道。还要对他们说："如果你早让我知道，结果一定不会这样。"这样做就是要让他们难受，让他们受到教训。那么他们以后都会将事情告诉你了，因为他们不想再次承担后果。

不要觉得这样做很刻薄，因为中国人讲究平时多烧香，而不是临时才抱佛脚，所以一个人到了有难的时候才去求救，基本上没有人会理他们。善门难开，若是你经不住下属的请求，你就成了滥好人。滥好人是最吃亏的。

对待中国人，该教训的时候不要手软，该宽容的时候不要吝啬。这个度很难掌握。你心一软，以后就没有办法带人；你太硬，不变通，也不行。

我们总是先柔后刚。中国人表面都很客气，其实内心相当绝情——狠起来的时候，旁人几乎没有办法。我们要做到不要让人家翻脸，因为我们承受不了那种后果。

让下属知道找你的好处和不找你的后果，你就能有效防止领导越级指示。你并不需要下属把领导的事情统统说出来，有些事情属于领导的机密，你知道太多秘密，会对自己非常不利。

同样的道理，要是老板越级指示你，你该如何做，才能不得罪自己的领导？面对这种情况，你先要衡量一下，自己能不能负起全部的责任。否则到了痛苦不堪的时候，没有人能救你。

为了不让自己的领导难堪，你要先向他汇报，善意、婉转地告诉他："刚才老板是来找你的，正好你在忙，他让我做某某事，并交代我要向你汇报。"这样做，所有人听了都很高兴。即使传到老板的耳朵里，他也会觉得你做得不错。

但是如果你觉得这件事情涉及老板的私密，应另当别论。这时你千万不要张扬，默默地帮他办完这件事就可以了。

第七章
协助领导管理好下属

替领导管好下属

　　干部要认清自己的身份，特别是同时担任领导者与被领导者两种角色时，更要懂得拿捏其中的分寸。你不仅要管好自己，更要替领导管好你的下属。

　　领导者与被领导者的关系，就像寺庙里的香，一圈一圈地烧，是有层次的。这是什么意思？其实就是一圈带一圈，不该你管的事情不要管。比如，你是总经理，要管着部门总监，却不要管部门经理，若是管到部门经理，就是给部门总监难堪。

　　如果你带不好人，上层领导下达了指示，你的下属却心存怀疑，不肯相信领导的话，那么领导一定会认为是你搞的鬼，认为你经常出卖他，才使得下属上行下效。所以，你要能够让底下的人相信上面的话，要能够执行命令，真正提高工作效率。

带人，就是把人从很多不良习性中拉出来，让他改进，这是一个很大的功德。人，一旦到了一个位置，即使能力不足也会装得很像样，如果在一个位置撑不下去，那就无法开展工作。所以，我们不要随意认定一个人不作为，任何一个人在一个位置上，都会做一些最起码的事情，不然会被别人诟病。我没有碰到过不上进的人，那些被扣上"不上进"的帽子的人，有可能是被误导，不知道什么叫上进，也有可能是缺乏机会，并非真的不上进。

你要了解自己的下属，跟他商量之后就知道了。你可以把一个下属叫来，对他说"很好，你很有经验"，来试探他的反应。如果他回答"是，我经验很多"，那你就要告诉他："你要小心，越内行的人，越容易出问题。"因为艺高人胆大，他胆子大了，就可能做出一些太过冒险的事，一不小心就可能栽进去。

人们不应以年龄论能力。不管是什么时代的人，都是一样的，没有分别。有些人到哪儿都跟小孩一样，一辈子都不会长进，而有的人在年龄很小的时候，就很懂事。

管好下属，还意味着教导下属。如果干部把员工完全当成自己的工作对象，那他必然得不到人心。干部应该做得更多，比如，要关心员工的生活，帮助他们解决实际的困难，等等。对西方人来说，下班后的事情干部可以不管，但中国人则要强调全面照顾。

在教导下属的时候，千万不要伤了他们的面子。要让员工听你的话，最好的办法就是让他感觉到你看得起他。有很多人拼命工作，就是因为领导看重他，这种激励效果是很强的。

教导下属要像教育小孩一样，千万不要伤害到他的自尊心。我们把人视为资源，已经是相当不敬了，再不把下属的尊严放在心里，那就更说不过去了。下属好不好，完全取决于他的领导会不会带人。实际上，公司只有员工的问题，而不应该说什么问题员工。

记住，要改变你的下属，唯一的方法就是先改变你自己。

不管你的团队有多大，你都要以身作则，这里的以身作则不是指技术方面，而是说你要带头守规矩、重诚信，维护公司的名誉。你做好了，你的团队也就做好了。这样，你不仅能得到老板的青睐，也能得到下属的尊重。如果能让你的团队成员觉得任何时候都不能丢你的脸，那么这个团队一定很强大。为此，你要常常告诉下属：你们怎么做我都尊重你们，只要求不要让人家看不起我们。这是中国式的训话。

一个公司的正常运转，需要一个和谐的团队，任何人有问题，都会影响整个公司。

领导要带出一个有灵性、有活力、能够随机应变的团队，使团队中的每一个人都可以独当一面，这样的团队才是无敌的。

学会平衡情理法

你刚成为干部,就要首先明白一个道理,你的下属要是做得不好,你是责无旁贷的。因为这是你的责任,而不是他们的责任——你没有好好教导他们,他们才出错。

记住,招不招得到人不是本事,留不留得住人才是功夫。

你一旦留不住人,就会给老板留下不会管人的印象,直接影响你的前途。要想留得住人,就要创造好的工作氛围。很多人走上领导岗位后,就用自己刚进公司时所受的管理方式反过来管理自己的下属。一味地沿用以前的那一套是没有用的。你应该先了解他们的品性,尊重他们的意愿,通过协商使他们听从指挥、服从管理。苦口婆心地进行说教,或者动用硬性规定进行处罚,其实效果都不大。

妄图用硬性规定让下属敬畏的干部,一般会众叛亲离。下属对上司总是会"顶"的。有人认为,如果让下属口服心服,他们自然不顶。这种念头固然正确,却未免过于理想化,事实上很难做到。所以你不太可能做到让下属敬佩,你也不必用这标准苛求自己。

你只需要关心下属,尽力照顾他,下属就会觉得:"本来我不同意你的看法,但看在你平日这么照顾我的分上,我会尽量照着你的意思去做。"赢得下属的"体谅",不但比获得他们的"敬佩"要容易得多,而且对实际工作的帮助也很大。

只要你的下属愿意体谅你，他们就不会跟你对着干，"顶"的力量就会大幅度减小。几番互动，他们知道"顶"与"不顶"并没有多大差别，自然就不顶了。

在老板和普通员工之间，会有好几层干部或者领导。很多人都觉得高层领导会决定企业的成败，其实基层干部才是决定公司成败的基础。基层团队不稳固，就等于高楼大厦的地基有问题，老板当然不放心，也不会安心。中国式团队管理非常重视基层员工，因为只有对大家真诚关怀，给予相当的尊重，使组织中各个阶层都由于基础稳固牢靠而获得安宁，才能使企业上下同心协力，实现目标。

基层员工好不好，要看基层干部如何对待他们。你当上基层干部后，就会发现，你并不仅仅是一个部门的管理者，实际上也是整个部门行动的协调者。在你下属的眼中，你应该是全力支持公司政策的人，也是他们的榜样。

在基层干部身上，被领导的成分占绝大部分。越往高层，被领导的成分越少。等你成为中层干部的时候，从管理上来说，你才更像一个管理者。当你还是基层干部时，你要把握好自己的身份。

不要以为自己当上基层干部，你就可以大胆献言献策，随便发表自己的意见了，这样会非常危险：因为你的学识不足，判断力不够，还无法探知老板的真实意图。如果公司允许你天天研究公司决策，对经营战略指手画脚，那么这家公司的效率一定很低。作为基层干部，你的作用就是按照公司的规定，争分夺秒地工作，而且要以身作则，让你带领的员工看到你是如何配合公司的政策的。对普通的基层员工来说，你是离他们距离最近、与他们接触最多的干部，你的表现如何，直接影响到他们对公司的看法。

不要觉得手下有几个"兵"，你就有资格跟领导讨价还价了，这是非常错误的。老板把这几个人交给你，不是让你利用他们跟自己叫板的，而是让你把他们团结起来，为公司做贡献的。

要想把你的团队建设好，就不能用强制的手段，现在军事化的管理已经行不通了。你只能用信任、鼓励、诚实的态度来对待员工，以理服人，以情管人。用强硬的手段改变员工是不可能的，天底下没有任何一个人能够改变他人，除非那个人自己愿意改变。你只能通过教育、劝导、说服等途径让员工认识到不足，使他们自己产生想要改变的愿望，并且付诸行动。人都会受感情的影响，你应当根据员工的个性采取相应的措施，以关怀为导向，巧妙地让员工乐意接受指令。

比如，有的员工常常迟到，你批评、罚款都无济于事，还容易引起他的反感。最好的办法是，你和他私下谈谈。如果说他是因为睡得晚，你可以跟他讲讲早睡早起的好处，如果说他是因为交通拥堵，你可以替他想想办法。

对下属真心相待，必然会得到他们的信赖、尊敬和爱戴，能和他们打成一片，做他们的知心人。

信任、鼓励、诚实是干部的三大法宝。能得到下属的信任，在沟通的时候说服力就会增强，并且他们执行命令也会顺利得多。很多时候，鼓励比责骂更能激励下属，善用鼓励会让下属觉得你亲切和善，尤其是在他们取得进步时，及时的鼓励能让他们产生更进一步的动力。越是对下属坦诚相待，他们越受感动，越会产生知恩图报的想法，会向你反映基层的各种情况，支持你的各项工作。

当下属向你反映情况时，你应当鼓励他们多提意见和建议。这一方面是表示对下属的尊重，给下属参与管理的权力；另一方面也是集思广益，他们对工作有最切实的体会，所以他们的意见具有重要的参考价值。

对大多数人来说，真情相待就可以收到奇效，但光讲情还是不够的。因为一个团队中难免会有一两个"害群之马"，这时候只讲情，就会显得太软弱。他们把你当成滥好人，会更加肆无忌惮。你应该在礼待下属的基础上，抓住关键时刻采取一些强硬措施，对"害群之马"进行严惩，杀鸡儆猴，在下属中树立威信。这叫作先礼后兵，由情到理。

管理要刚柔并济，平时对下属关怀备至，在原则问题上立场坚定，在关键时刻则敢作敢当。这样你的下属会对你既尊敬又畏惧，就会"乖乖地听话"。

对工作表现不尽如人意的下属，不可以直接指责他，也不能够立刻和他讲道理。最好先给他面子，用情来点醒他，使其自动讲理，合理地调整他的言行。

任何人都有糊涂的时候，不知不觉地表现出不合理的行为。对于这种无心的过失，如果马上加以指责，对方就会认为你对他存有成见，明明是无意的，也要曲解成有意，可见已经有了偏见。他们会想：反正你已经把我当作有心犯错的人，我就索性错到底，看你能够把我怎么样。这种态度，虽然是一种恼羞成怒的不正常反应，但人就是人，往往克制不了自己。这时，你要进行反省，毕竟是你不够理智，一下子就把他看成恶意的人，这才引起他的恶意，你自己其实也有相当的不是。

当一个人不够清醒、做出不正当的行为时，如果你和他讲理，就很容易引起他的自我防卫心理，居于"公说公有理，婆说婆有理"的"理不易明"阶段，说出一些歪理；然后又因为话已经说出口，不得不坚持以维持自己的面子，变得更加强词夺理。他这种反应，固然并不合理，但是你在他尚未准备好的时候，急着去和他讲道理，也应该负起相当的责任，因为是你把他害成这个样子的。

由情入理，先给他面子，再来讲道理。于是骂人之前，先把想要骂出来的话吞下去，改换一个方式，用"同情心"来化解对方的敌意，比较容易获得合理的结果。要和对方讲道理，不忘先给足对方面子，这是中国人有情的表现，至为珍贵，不要轻易忘掉。

处处克制自己，时时提醒自己。任何人都可能有糊涂的时候，不可以一下子就把他逼到死胡同里，使他没有自动改善的机会。这种态度称为"自律"，自己管制得恰到好处，可以减少许多无谓的麻烦，节省许多时间和精力。

比如发现下属公器私用，你装作没有看见，是一种有情的表示——不愿意让下属难堪，充分给他面子。下属如果领情，就应该自动向你说明。如果下属没有这样做，你不可大动肝火，也不可以指责，应该用旁敲侧击的方式，暗示下属应该合理地有所因应。这也是人情的一部分，让下属有面子。

下属敲不醒，你要好好启发他。如果这样还不能够点醒他，就可以把规定搬出来，按照条文来处置了。这时候态度要强硬一些，其他下属也会认为是他冥顽不化造成的，而不会认为你专横不讲理。

情理行不通的人，有了面子却依然不知道讲理。这种人近乎不要脸，成为大家看不起的对象。给要脸的人面子，不给不要脸的人面子，才不致成为乡愿，使自己也成为大家看不起的对象。

由情入理，如果不能够配合依法办理，很可能成为没有是非或者不敢分是非的乡愿。你必须具有道德勇气，在情理走不通的时候，翻脸无情而依法办理。

不过翻脸之前，要明白翻脸的先决条件，即仁至义尽。

只要仁至义尽，没有人会觉得翻脸无情太过分。但是，尚未做到仁至义尽便翻脸无情，那就太可怕了。大家对你敬而远之，有如对待鬼神一般，你就发挥不出领导的亲和力了。

同理，你在如此对待下属的同时，也要想想自己也身为下属，要明白上司的由情入理的运作方式，力求合理因应，以免落入大家都不同情的惨境。那时候再表示悔悟，实在太迟，误人害己！

先由情入理，再依法办理，也是以柔克刚的做法。但是礼要有节，柔也要有刚来支撑，才能够产生优良的效果。所以依法办理，也是有其必要性的。

与领导默契配合

领导的意见与你的意见不同，并不代表他反对你。上下级之间没有默契，就会导致乱七八糟的局面。但话是永远讲不清楚的，所以建立默契十分必要。有了默契你才能知道，领导的哪句话真哪句话假。有些年轻干部常常有这样的烦恼："我的上司真不知所谓，明明是他让我做的，我做了他又骂我。"这就是跟领导没有默契导致的，年轻干部不知道领导哪句是正话反说，哪句是反话正说。

为此，你要多多了解自己的领导，跟他充分配合。如果你不去了解领导的意图，领导会觉得你目中无人，最后倒霉的还是你自己。

你与领导建立了默契，并不只是为了防止会错意，更多的还是为了管理员工。我们的员工基本上都是中国人。管理中国人，一定要把"理由"屏蔽掉，因为中国人是"理由专家"，任何事都能找到理由。中国的史料非常丰富，随便一想就有先例可循。你不能苛求他们尽职尽责，因为他们是听不进去的，唯有以身作则，遇到困难的时候，将精力和时间花在"寻找方法把工作做好"上，而不是千方百计地找理由推卸责任，才能让你的下属了解什么是该做的，什么是不该做的。

不仅如此，在公司里面，还要树立一个很好的原则，就是不接受任何理由。如果老板不听任何理由，那员工慢慢地知道找理由无法逃避责任，就只好去找方法。当大家都动脑筋、找方法时，这个团队就会无往不利。

但是，不要让老板说出拒绝员工的理由，任何事情由老板说出来都没什么效用。如果你的下属犯了错，找了各种理由，那么就不应该由老板出面来拒绝，而由你说出来比较有效。所以，中国的老板多半不会直截了当地宣布什么，而通过下面的各级干部来传达。当你的下属找理由的时候，你就要跟你的领导配合，一个唱白脸一个唱红脸。他不表态，而你要说："我们是不听理由的，你不要用理由来烦领导。"然后你的领导再说:"没关系,让他讲。"把好人的角色让给领导,把坏人的角色留给自己,这样一唱一和,团队才有朝气。凡事都让老板或高层领导来做坏人,公司就完了。

这个原则运用得好,会为公司带来很大的利益。要是你不敢承担责任,不敢做坏人,这出戏是唱不起来的,公司也很难发展业务。

如果你的下属违反规定,老板亲自处置,处置得合理固然很好,万一处置得不合理,你愿意为你的下属据理力争吗?相信很多人都不会为了下属跟自己的老板翻脸,因为毕竟是下属有错在先,即使老板的处置有失公允。但你的下属遭受不公平的处置而申诉无门,又没有人声援,只会寒心。其他员工看在眼里,知道本来是情有可原的事,却遭受如此对待,难免感叹老板的无情,甚至萌生去意。久而久之,人心涣散,这个团队还有何战斗力?如果让你当坏人,情况就不一样了。老板旁观者清,可以比较客观地评估,降低下属受冤屈的程度,对于赏罚的公正性,颇有助益。

另外,老板亲自处置,万一员工脾气暴躁,当场大骂老板,甚至出手殴打老板,那老板的面子往哪儿放?大家看在眼里,笑在心里,暗想:"当老板当到被员工修理,可见做人很差!"中国社会,越居上位越害怕挨打,因为众人很少会同情他。如果交给干部去处置,万一干部挨打,老板可以出面调停,或者叫另外的人员去处理,自己却可以数落挨打的干部："处置这么一点小事情，居然弄到挨打，可见你平日太不关心员工，也太不了解员工了。"这样老板岂非立于不败之地？

再说，老板直接处置，你的下属心里觉得不满，在公司外面就可能破坏公司声誉，使公司蒙受损害。如果你去处理，你的下属觉得老板完全出于好意，就算对你不满，也不会怪到公司的头上，因而消减了许多不必要的困扰。

有人不懂这个道理，对这种做法不以为然。如果你也有这种看法，就要好好想一想，你和你的老板，如果都当好人，那么下面的员工会不会怕你们？不怕的话，整个公司会不会乱掉？如果你们都当坏人，太紧太严，员工会吃不消，有话不敢讲，只会心生怨气。如果他当坏人，你当好人，你又是否能当得心安理得呢？好人难当，因为当好人要有一套当好人的本领。老板当好人，要能够使你长期地充当坏人而不觉得痛苦，即善于收拾场面，使你不致遭受误解，甚至受到恶意的打击。坏人好做，因为"破坏终归比较容易，事后的建设才是困难重重"，你依法执行，老板好意善后，这才是最佳拍档。

其实，上治下非常容易，而下对上，则要客观对待。对于下级来说，如何与领导相处，那是一种磨炼。越接近基层，你越要磨炼，否则你永远上不去。相反地，我觉得当大老板和高层领导都太辛苦，当一个基层干部最舒服，因为基层干部下辖的人相对比较单纯，比较好说话、讲义气。职位越高，越容易钩心斗角，走歪路。老天就会派越来越多的妖魔鬼怪来诱惑你，看看你的意志坚不坚定，只要不坚定，那就歪了。这样，才能试出真正的正人君子。

每一个人都要经得起考验，并且，经得起考验还不够，我们还要加上三个字：经得起严苛的考验。一个人最怕什么？最怕老来变节。即使你活到65岁，名声都很好，但是66岁时被人抓到丑闻，依然会变成"老不修"。老来变节是最可怜的，坚持到最后很难，对大家来说是很严苛的考验，但是只有这样，你才会心安理得。

中国人的游戏规则，初看起来乱七八糟，一旦用心分析起来，才觉得十分有理。我建议大家对中华文化，不但要怀有相当的敬意，而且应该"深一层想"，才不致"如入宝山空手回"，枉做中国人。

协调上下级关系

中层干部通常被视为"中坚力量"，所处的环境非常能突出"坚"字的重要性：上压、下顶、左攻、右挤。可谓"上有老，下有小"——上有老板，下有基层，他们夹在中间，实在十分艰苦，一不留神就会犯了"不三不四"的毛病。

何谓不三不四？举个例子：有一天，老板看见你的下属违反公司规定，但是不动声色，若无其事地走开了。然后打电话给你："是不是有人违反规定？你去查一下。"你下去调查，果然发现是某员工违反规定，你找到那个员工，坦白告诉他，自己原本不知道他违反规定，是老板亲眼看见，并且打电话要求彻查严办，不得已才把他揪出来的。意思是说，你只是奉命办事，不得已而为之，他要怪，就怪老板好了。这种"出卖老板"的行为，就是不三不四。身为中层干部而产生如此行为，显然不成样子。

正确的做法是，你要诚恳地向员工说明，老板看见他违反规定，但是认为他一定有苦衷，所以要你来了解一下。并且告诉他，如果有需要公司帮忙的地方，不要客气，公司一定会尽力。这样既能让员工自动认错，又执行老板的旨意，维护了双方的利益。

不三不四既容易得罪老板，又容易得罪员工。但有些人当上中层干部后，为了使自己的地位稳固，保证自己的人望，常常做这种出卖老板以讨好下属的事。

在公司里，老板处处讲人情、充好人，不到最后关头，总是一副是非不明的样子。中层干部应该以"理"为重，把老板的情调节到合理的地步。

所以，老板只能骂中层干部，不能骂基层员工。老板把员工骂得太狠，就会迫使员工做出很不理智的事。老板充当好人，却把难题留给你，你不用猜老板的本意究竟如何，只要自己合理应对即可。有困难时，可以向老板汇报，共同商量对应的合理点。无论如何，出卖老板终究问心有愧，也愧对职守！

出卖老板，受害的多半是你自己。更何况出卖老板，并不能讨好下属。就算达到某种程度的效果，老板迟早会觉察，其所衍生的后果会非常严重。

还有些中层干部正好反过来，不但不出卖老板，反而处处讨好老板，用牺牲下属的利益来满足老板的需求，这同样是不三不四。这些人不顾"人"道，过分要求下属，形成"软土深掘"，往往不利于"水土保持"，终究会损害公司的利益。

老板的决策正确，你应该服从，并带领下属全力以赴。如果老板的决策不正确，你就应该据理力争，做出合理的坚持。适当地维护员工，重视基层员工的权益，乃是中层干部的"人"道表现。

你要是讨好老板，在你下属的心目中，你就是个"马屁精"，为众人所不齿。当老板的要求不合理时，你服从并不是真正的讨好，不合理地服从才是讨好，因为不合理的要求势必伤害基层员工的感情，造成不良后果。

所以，并不是对老板的每个决定都服从，也不是对每个决定都反对。执行有困难的，口头答应"好，好"，回去赶快把真实的情况调查一番，尽快向上反映，让老板自行调整决策。哪怕老板不愿意"朝令夕改"，也会让老板心里有数，将来决策失败时，不至于把所有的责任都推给执行者。

中层干部上压下顶的处境很艰难，有些人为了让自己舒服一些，就采用欺上瞒下的方式，粉饰太平，以求大家相安无事，他们自己也乐得轻闲。这也是不三不四的表现。

当组织不大、成员不多的时候，上下彼此接近，不容易欺上瞒下。一旦组织扩大，层级增多，彼此接触的机会不多，欺上瞒下的情况就相当严重。组织越大，欺上瞒下就越容易，因为不容易被觉察。

中层干部欺上瞒下，老板有不可推卸的责任，这都是老板过分相信中层干部造成的。古时候的昏君其实都是奸臣造成的，奸臣欺上压下，蒙蔽皇帝，而皇帝又识人不明，偏听偏信，造成奸臣一手遮天，自己也成了万人唾骂的昏君。为了避免这种情况，老板应该通过明察暗访，防止下面的中层领导欺上瞒下。对各级干部由小信而大信，使他们经过考验才能升职；赋予责任后，偶尔抽查，以提高他们的警惕心，可以减少欺上瞒下的行为。

从中层干部的角度来说，欺上瞒下实在是有很大的风险，不宜为之。天下没有不透风的墙，特别是中国人之中，根本没有秘密可言，你一时的欺上瞒下还有可能得逞，时间长了，必然会被揭露。到了那时候，得罪了上上下下，就相当于把自己放在火上烤。即使熬得过，你在公司的发展也是有限的。更何况很多老板最忌讳下面的人欺骗自己，眼里容不得沙子，一旦发现，极有可能让你走人。你一时的欺上瞒下只能获得小利，损失了前程、信誉，可谓得不偿失，因此不可不慎。

假如你一时情急，欺上瞒下，一定马上设法补救，发挥"善补过"的精神。若是认为己安人亦安，从此不管不问，那就罪不可赦了。

欺上瞒下不可为，但要中层干部学会承上启下。中层干部就像一个神经中枢，上面的命令要经过中层干部来传达，下面的意见也要通过中层干部来汇报。中层干部做好承上启下，整个公司的沟通渠道才畅通。在很多情况下，高层领导的指示要通过中层干部往下传。但是，中层干部并不只是个二传手，如果只是把老板的话直接传下去，那不叫承上启下，而是出卖老板。

比如老板决定增加任务量，你直接把话传下去："老板觉得你们的任务量太低，所以从下个月起，每个月增加20%的工作量。"这样必然会引来一片责骂声。你这样做是在害老板、出卖老板，因为你说"这是老板的决定"，所以人人怨声载道，老板的脸色也会很难看。

大家抱怨老板，你自己也会倒霉。不妨换位想一想，如果你是老板，你会不会用这种连传达命令都不会的人当中层干部？正确的做法是，你在下属中找一个负责人，让他来办这件事。

　　首先，你要装作什么事也没有，只是了解一下员工的工作情况，然后随意地问一句现在的任务量是多少。他必然会如实回答。这时你别急着说任务量太少，一旦引起下属的反感，下面的工作就没法开展了。你应该说："很不错了。那看有没有可能增加一些？"如果他爽快地说"没问题"，那接下来的事自然由他来解决。如果他坚决否定，"绝对不可以"，这时你可以看着他的眼睛，问他"为什么不可以"。一般来说，当领导者一本正经地问被领导者时，被领导者多半会矮了一截："可以是可以，但不能加太多了。"他这样回答后，你要知道事情十拿九稳了。但你不可急切地抛出增加20%，而是体谅地说："当然不能增加太多，不然大家都会吃不消的。"你越是表现出站在对方的立场上，对方越不好意思抗拒。他就会主动地说："要不，增加10%？"你不要表明态度，而是眉毛一皱，问："只能增加10%吗？"在中国，有时脸色是最好的管理工具，下属一看上司的脸色变化，就会主动调整自己。他看见你皱眉头，就会试着去改口的："最多只能增加20%。太多了，谁都没有办法完成。"

　　达到目的，要见好就收："那当然了，太多了谁做啊，那你有没有把握？"既然是他提出的，他肯定要应承下来，不然就是信口开河了。你要给他戴个高帽："我去跟老板建议一下，就说是你的建议。"这样一来，他高兴，因为他有功劳；

你开心,因为完成老板交代的任务;老板愉快,因为你办事得力。

只有把老板的指示变成下面主动的要求,才是真正的承上启下。但必须用好好商量的办法,不可以直接下命令。

实在达不到老板的要求,老板也知道你努力过了,不会追究你的责任。老板最痛恨的就是:你没有去做就反对,你不做做看怎么知道做不了?很多人就是太自我了,在中国社会,只要你自我感太强,挫折感就会很大,所以要减少自我。

在中国式的团队里面,员工很好当,老板很好当,唯有中层干部最难当。中国的员工一般都怕老板,但是不怕中层干部,和中层干部讲话多半也不客气,但是碰到老板,都会规规矩矩、客客气气。很多情况下,你没办法把基层员工的意见反映到上面去,就因为他们的话通常很不客气。

如果对于某事,员工很气愤,说几句过激的话,也只是发泄一下。你要是把这些话当真,反映到老板那里,老板再去调查,发现员工都客客气气的,老板肯定以为你唯恐天下不乱,搬弄是非,免不了斥责你:"你要威胁我,就直接威胁好了,你用员工的口气威胁我,想把我吓死呀?"

凡是赤裸裸地把员工的心声向上反映的干部,都会自找倒霉。但是不反映也不行,万一真的有一天员工联合抵制,老板也会批评你:"你平常一点情况都不了解,究竟在干什么?"如果你承认知道,就更错了。"知道为什么不向我汇报？你不能解决问题，我来想办法。"

　　这是一种进退两难的局面，处理不好，你就成了风箱里的老鼠，两头受气。向老板反映员工的意见，必须讲点技巧才行。员工的反应比较激烈，你必须不动声色，不能急三火四地去找老板，就算是急事，也显得你不够稳重。找个适当的时间去找老板，站在他面前一言不发。老板见你表现奇怪，自然会忍不住问你："找我有什么事？"这样，你就掌握了主动权，但你不能等老板发问就急于说明问题，不然还是没效果，而是欲言又止："没事。"

　　中国人说"没事"的时候，常常是有很重大的事情。老板也明白这一点，于是鼓励你说出来："看看，你就是这种个性，有话就说。"你说："说了你会生气。"老板说："绝对不会。"得到了老板的保证，你再心平气和地反映员工的意见，说的时候，还得站在老板的立场上，维护老板的利益。

　　中国人最讨厌胳膊肘向外拐的人，在你的领导面前，你的胳膊肘永远要向里拐，这样他才会放心。

第八章
同级之间能分工协作

同级之间分工不同，目标一致

在中国的社会里，跟同级打交道是比较困难的，因为同级之间没有领导等级之分，却各有各的领地，尤其是部门相差较大的同级，工作性质不一样，打起交道来会更难。而且同级之间打交道，还要考虑上级的感受：你们走得太近，上级会难受；你们太疏远，上级也不会舒服。因为你们太亲密，上级会怀疑你们有不可告人的秘密；你们太疏远，合作起来就比较困难，还需要上级来协调。所以，和同级之间打交道一定要注意尺度。

干部必须明白，虽然大家分工不同，但是目的是一致的，都是为了组织的发展。这是同级之间沟通的原则。分工无法避免，但是同级之间要互相帮助，共同完成任务，这样才能得到上级的赏识。

彼此配合，就是合作的开始，具有愿意与人合作的心理，是中层干部所具备良好本事的一环。如果你跟同事处不好关系，可以先从自己身上找找原因。

首先，想想自己是不是太过于斤斤计较。有些人心里会想"为什么要帮别人？顾好自己就行了"，特别是同样的部门，如销售一部和销售二部，两个部门存在竞争关系，部门经理都这么想的话，必然会形成摩擦。就算是不同的部门，如研发部和财务部，总是怀着这个念头，财务主管肯定只想自己的事，不想其他的——资金周转灵活就好，研发根本与自己无关；而研发部也不能受财务的限制，受财务的限制就不能研发。这也会产生本位主义。

一般说来，生产部门讲生产，销售部门讲销售。销售人员多半穿西装、打领带，会带着客户到生产车间去。遇到这种场景，生产经理就不高兴了——你拿的钱比我们多，整天在那里喝酒、聊天，却还总是用客户的名义打压生产部门，真是不公平。于是，生产部门根本不配合销售部门的工作，他们认为："即使那是客户的要求又能怎样？你们销售部门胳膊肘向外拐，只顾着客户，还把生产部门的人当人吗？"互相之间总是有隔阂，这是因为销售人员不懂得沟通。

销售人员一定要记住，去生产部门时要把名片拿掉，套上工作服，跟生产工人一样，这样工人们才不会把你当异类。如果客户批评公司的产品，你应该站在生产部门的角度跟他辩解。如果客户的要求很无理，销售人员不必一一转述，要和生产部门商量改进。你给予了他们尊重，生产部门就一定会听取你的建议。

你尊重他，他会很讲理，很有度量；你压迫他，他就会抗拒，不理你。为什么有的人经常蛮不讲理？就是因为他们觉得自己没有面子。有些人一没有面子，就恼羞成怒，蛮不讲理，甚至无法沟通。所以，平行部门最好是将心比心，站在对方的立场考虑问题。

有些干部不但自己有本位主义思想，而且要求下属也这样：把自己的事情搞好，至于团队其他人、其他部门的事情就不要管。这就是典型的本位主义。在你的团队中，大家本来应该热心地相互支援，可是你这么说之后，谁还会帮助他人呢？对大家来说，公司就是公司，但是干部就有本位主义，因为公司考核的是他，所以，事实上是公司造成了他的本位主义。

公司的不正当考核往往会造成很多麻烦，很多公司只看数字，不看其他。数字其实是没有人性的，我们可以透过数字来管理，但不可以实施数字化管理。所谓的数字化管理，其实是很可笑的，其结果必定造成内部人员笑里藏刀、貌合神离。数字虽然很重要，但如果你只相信数据，下级就会用假数据来骗你。道理很简单：只要你相信什么，他就用你相信的东西骗你。

在中国，人才是最重要的，如果让同事之间互相竞争，大家就是敌人，而面对敌人不能有温情，必须拼个你死我活。"炮口要对外"这个道理谁都知道，但事实上对内却打得更凶。所以，同事相处要摒弃本位主义，要善待其他人，好处要分享，错处要担待。

同级之间有需要帮助的时候，做事要看场合，不要当着老板的面协调，否则会给别人添麻烦。例如，你最近的任务比较重，需要向平行部门借调几个人过来，不要以为这是很简单的事，一旦当着老板的面，事情就完全变质了。

你说："张经理，你能不能帮个忙？我最近很忙，你能不能派几个人过来支援一下？"

当着老板的面，张经理敢说"没问题"吗？不敢，因为一说"没问题"，他就惨了，那会给老板留下他的部门工作负荷不满、人浮于事的印象，要么怀疑他工作能力不够，要么怀疑他人员冗余，让他裁掉几个人。

这完全是你的行为不当惹来的麻烦，不是张经理的错。就算他果断地拒绝你，你心里面也不应该怪罪他不给你面子。中国人讲究反求诸己，凡事想想自己有没有不合理的地方，再来看别人。这件事，合理的方式应该是这样的：

你等到老板离开以后才跟张经理讲："我很忙，我也是不得已的，本来想着尽量不打扰你，但是你不支援几个人给我帮忙，我就要崩溃了。"

你这么商量着来，张经理当然就不好驳你的面子，何况有一天他也许会这么求你，就算不求你，你也会欠着他一个人情，何乐而不为？其实中国人是非常干脆的，是天底下最好商量的人。

事情过后，你还应该跟老板解释，不要让他误会张经理的部门人多。因为你私下借调的事，是瞒不过老板的。你不解释，他就会有疑心。你跟老板说："这几个人平常都有很多事情干，张经理给了我很大的帮助，讲义气。将来我再怎么忙，只要他有难处，我赴汤蹈火都会帮他。"老板也会很高兴："你们都是为了公司，了不起！"

某件事情做错了，老板在骂张经理，你挺身而出："其实这件事我也有错，我没有支援他。"这些话对你不会造成伤害，但对他能起到帮助作用。

也就是说，当别人有危难时，你不要隔岸观火，不要在旁边冷笑，你若是拉他一把，将来你"落难"时人家也会拉你一把。同样，有人摔到水沟里去，有好几个人去救他；而有人摔到水沟里去，大家都当作没有看到——无论哪一种情形，都是自己搞出来的。

一定要做到皆大欢喜才叫圆满，如果只是你一枝独秀，可能所有人都会攻击你。如果你的表现好，也要分一点成绩给别人，这样你就可以永远受到大家的欢迎，否则所有的人都会想把你"干掉"。

其次，想想自己是不是得不到老板的信任，以至于其他部门袖手旁观。

只要得到老板的信任,所有的部门都会配合你的工作。中国人聪明得很,向来知道得罪老板跟前的"红人"就是得罪老板,所以会尽量避开产生冲突。

所以说,作为一个干部,你跋扈一点或者小心一点其实都无所谓,最要紧的是,不要过分讨好老板,不要拍马屁,但是要得到他的赏识,得到他的信任。同时要注意,"木秀于林,风必摧之"。在得到老板信任之后,你要避免受其他人的打击。

社会上有一件很有趣的事情,当没有评选"模范父亲"的时候,所有的父亲在自己的孩子面前都很有面子,一旦评选了"模范父亲",那些没有当选的父亲就会在孩子面前抬不起头,因为他们不知道怎么回答孩子的问题:"爸爸,你为什么不是模范?"其实,这种靠表扬少数的模范父亲来贬低大多数父亲的做法,其结果必然是,那些不是模范的父亲极力维护自己的面子,在孩子面前诋毁"模范父亲"。

很多时候,如果一个人今年在公司年会上被表扬了,那明年你未必看得到他。因为他被同事挤对,受不了而辞职了。很多人擅长的一招,就是大家一起来证明老板认为好的人并不怎么样,这很有趣。西方人崇尚英雄主义,而中国人根本不吃这一套。

中国人越得到老板的信任,可能遇到的麻烦就越多。很多人想从你这里得到好处，若是得不到，他就整你，通过制造谣言来破坏你的形象，这是必然的现象。所以，得到老板的信任之后，要团结同事，要学会分享，不能"自私自利"。这样才能搞好与同事之间的关系，才能团结协作。

最后，看看自己是不是太过于有竞争心，从而对同级产生敌对心理。

同级之间毕竟还是存在竞争关系的，我善待他，他好了，我会不会受到影响呢？很多人都有这样的疑问。其实对于竞争来说，你脑海里有竞争，现实中就有竞争；你脑海里没有竞争，现实中就没有竞争。而且我不认为世界上有真正的竞争。

同级之间应该互助而不是竞争，既没有竞争，也不需要竞争，竞争是自己找罪受。大家联合起来，一同进步就好了，为什么非得斗个你死我活？今天你业绩做得好，照顾一下那些不如你的，留口饭给他吃，不要赶尽杀绝，明天他业绩好，也会反过来照顾你。赶尽杀绝的结果，不是你一枝独秀，而是所有的人都对付你。

想明白上面几点，你基本上能与同级和平共处。

与同级和睦相处，老板才放心

同级间和睦，不仅工作上顺利，自己的心情也会愉悦，于公于私，都百害而无不利。从老板的角度来说，没有一个领导喜欢自己的下属互相倾轧，所以包括干部在内的被领导者一定要与同级和睦相处，有矛盾及早解决，尽量大事化小，小事化了。即使矛盾化解不了，也不要在领导面前表现出来。下属相安无事，团结一心，老板才会放心。但是下属团结得要让老板安心才成，下属是钢板一块，老板就会紧张，以为你们要夺权，他就会制造矛盾分化你们。

所以，在中国，任何事都是过犹不及，把握好度，老板才会安心。在老板面前，切记不要批评同级这里不对，那里不对。因为在老板的心里，手心手背都是肉，你不喜欢的，就跑来告状，你喜欢的，就团结一心，如果你将来形成派系，那岂不是能和老板分庭抗礼了吗？

所以，你既要跟同级搞好关系，又要考虑老板的心情，二者缺一不可。比如说，你要去跟老板建议任何事情，不跟其他的同级事先沟通，就直接去找老板，其他人会如何反应呢？他们一定暗地里搞点小破坏，因为你不尊重他们，不给他们面子。可是你又不能动不动就请他们一起去见老板，那老板就会说你们集体行动，想将他的军，简直就是逼老板点头一样。哪个老板会喜欢这样的下属？

如何做，就需要你去学习了。你想跟老板说什么话，要先跟相关的人商量商量，问问他觉得这样好不好，如果他觉得这样好，让他去说，不要由你来说，把功劳也让给他。只要你不想有功劳，对方就会认为你的动机是很纯真的，这样他就不会推辞。否则，他就认为，你是在利用他做你的铺垫，然后你想独吞功劳。

比如，你跟财务部门业务往来密切，你发现有好的方法可以提高财务部门的办事效率，于是跟老板讲。那老板必定会骂财务经理："你看人家都想得到，你就想不到，你还是干这个专业的。"财务经理挨了骂，会恨谁呢？肯定恨你，不会恨老板，因为是你搬弄是非，他才挨骂。那你岂不是自找麻烦？

所以你应该跟财务经理讲："其实我不懂财务，只是有人不知道为什么，突然间教我一招，我觉得我们公司也许可以用，但是你是专家，所以我要请教你，到底这样对不对？要是我听错了，就糟糕了。"这样说的话，不管这个方法有没有用，他一定会感谢你。但他还不会放心，要试探你一下："既然这样，你去跟老板说一下，看他同不同意采用。"你不要上当，你真去了，他还是怀疑你别有用心。你应该说："我又不是搞财务的，我去讲合适吗？"最后试来试去，他就相信你了。

你要做到，让你的同事认为跟你打交道，他不会吃亏，他就会完全信任你。

人的自我定位其实非常重要。你跟同事打交道，吃亏一点没关系，因为吃亏就是占很大的便宜，因为他们随时随地会支持你。这就是你占便宜的地方。你很会算计，什么事情都抠得紧紧的，那你就糟糕了。你越是铜墙铁壁，他们越是要全力把你打垮，这是人之常情。

你不要怕老板不知道是你的建议，看不到你的功劳。很简单，就算老板真的是你所想象的那样人，那你更轻松了，你不需要为他付出太多，你有更多的时间可以休息，那不很高兴吗？老板很快就知道是怎么回事，他就会更赏识这种不求功的人，老板最怕的是大家抢功。所以你不必考虑功劳的问题。就像一对父母，有几个孩子，哪个孩子什么样，父母难道都不知道？完全是清清楚楚的，老大个性怎么样，老二爱好是什么，老三最调皮，老四比较老实，所以把最好的东西，趁别人没看到的时候，偷偷给他。同样地，老板都很清楚，他只是不能讲，因为讲出来对他没有好处。

同级相处，彼此之间都要保留三分礼让空间，才比较容易找到平衡点。若是想着大家一样大，有"谁怕谁"的心态，对沟通十分不利。中国人其实谁都不服谁，当大家处在同等地位的时候，这种现象更明显，甚至一句话、一个动作，都会引起他人的不满。比如，你说"听我说"，别人会想：别自以为是了，凭什么听你的？何况还有利益之争。所以干部经常处于左攻右挤的境地，也是理所当然。加上现代社会鼓吹竞争，认为有竞争才有进步，所以平级的干部要想避免彼此攻击、排挤，很难。

你在抱怨别人排挤自己的时候，也应该反过来想想，自己是不是也有意无意地排挤同事呢？如果连你自己都免不了如此，又怎么能怨别人？

中国人讲究"彼此彼此"，在这种条件下，要想得到同事的支援，必须以平等互惠为前提。若是自己处处想占便宜，时时要求别人支援，却从来不支援别人，恐怕左攻右挤的局面，不但会长期持续下去，而且会越来越严重。

同事之间可能会为某些小事而争执不休，甚至明争暗斗，主要原因在于不把同事当作朋友看待。其实，山不转人转，今天大家不欢而散，将来也可能又碰在一起，那时岂不是彼此都难过？所以，若是换一种态度，把同事看成朋友，马上就会觉得亲切得多。

有些人抱持"你我只有公谊，不需要私交"的观念，凡事都公事公办，而且不涉及私人事务。这种人只是同事，不是朋友。有些同事并非如此，他们除了公谊之外，还会找机会建立一些私人的感情，互相关心彼此的私人事务。这种人比较容易在同事之外变成朋友。

抱着交朋友的心情和同事打交道，其实对双方都有好处。因为朋友无议论，同事很计较。同事之间难免有业务上的竞争，容易形成本位主义，互相排挤。一旦变成朋友，比较容易将心比心，互相帮忙。

同事是短暂的，朋友才是永久的，把同事变成朋友，大家才能够长久相处。

人人争着走出第一步，整个风气就会改变，由明争暗斗、彼此怀恨变成互助合作、互相感谢。要知道，坚持"我助人，人才会助我"的信念，才比较容易成功。

中层干部应该摒弃"各人自扫门前雪，莫管他人瓦上霜"的不良思想，然而在自己和他人之间，仍以"办好自己分内工作"为先。任何人在做好本职工作以前，分担老板的工作或者支持别人的事务，都不免令人怀疑他是在拍马屁或讨好他人。相反地，把自己分内工作做好后，如果不能为老板和其他同事分忧解劳，恐怕也会被视为自私自利的小人。

中层干部还需要谦和。功劳是让出来的，而责任则是抢出来的。一让，大家都有功劳；一争，责任就十分清楚。能让的人，才有功劳而不为人所忌。若是中层干部都能用心做出功劳，并且不居功，在和谐中求进步，平级之间才会相处融洽。

和谐并不意味着只报喜不报忧，大家相互恭维，倒是一团和气，但是对于组织发展没有任何益处。在和谐中求发展，才是现代管理的初衷。因此，同级之间还要相互督促，共同进步才行。如果你发现了其他部门的不足，应该尽快提醒，以帮助其他部门改进。但是，在进行反馈交流的时候也必须注意时机和技巧，以免弄巧成拙，引起部门之间的矛盾。

每个部门都存在不足之处，部门主管可能没有意识到，也可能意识到了却暂时无法解决。所谓旁观者清，你可能会一眼就看出问题所在。这时私下提醒一下即可，附以改善意见更好。提意见必须诚心诚意，否则只会让人感觉你在奚落他。只有你先表现出诚意，才能让对方感觉到你是真心实意地为他着想，他才会消除内心的戒备和抗拒，接受你的建议。

私下提醒是给对方面子，切不可当着老板的面指出对方的缺点，那会使他认为你是故意打压他，非但不领情，还可能恼羞成怒，拒绝承认错误，甚至撕破脸反过来指出你的部门的缺点。这样，老板只能各打五十大板。

如果有些事，不向老板汇报，老板会骂你，但汇报了会伤害到你的同事，而且如果老板告诉了那位同事，你就倒霉了。口出狂言或者祸从口出，其实都是自找的。

如果他明明不对，你又不能不汇报，应该怎么办？我认为，要轻描淡写，点到为止。你要对老板说："这件事情，我跟××谈了，他目前有一种想法，不过我相信他很快会改过来的，他目前的想法或许有他自己的道理。"说到这里，你要看看老板的脸色，猜测一下老板是不是支持他的想法。但是，真正会当老板的，都不会表现出来——他要让你摸不着头脑。不管老板如何反应，你都要替对方打圆场，不要出卖任何同事，这是汇报的一个原则。如果你出卖他，他会报仇，不会放过你。

你的汇报要做到好像没有汇报，提示到好像没有提示一样。这样，你既尽到了做下属的责任，也没有伤害同事，即便是将来同事听到了，你也可以坦然地面对他。

类似的事，你若是出于好意，却因为沟通方式不当，落得如此下场，岂不是有悖初衷？你若是心存不轨，故意在老板面前提出，以贬低他人，认为只有把别人打垮了，自己才能得到提升，这就陷入误区了。

现在不少公司都采用考核的形式，所有员工每隔一段时间进行一次评比，这样做虽然对员工有促进作用，但是也会造成部门之间、员工之间相互争斗，甚至彼此踩踏，结果弊多利少。

大家互相合作，彼此帮忙，发挥团队的力量，才能让业绩好起来，而不应踩着别人来提高自己。何况很多情况下，排挤别人也未必能给自己带来好处。

举个例子，你的平行部门出了点状况，老板若向你了解情况，你怎么回答？若是你知无不言，把平行部门的问题一一向老板报告，老板不会高兴，因为你不会照顾你的同事。维护同事，并不是欺骗老板，这能体现一个人的修养，也体现了你们的团队精神。这样一来，其他同事对你的印象也一定很好，因为你很厚道，不会落井下石，不会趁机害人。

如果老板喜欢员工之间钩心斗角，那企业迟早是要垮的。大家相处就是有缘，因此要彼此照顾，而不要害来害去，这是每个人都应有的观念。你不知道哪一天你也会需要别人的帮忙，也不知道将来需要哪个人的帮忙。因此，要对大家一视同仁，既不偏向某人，也不戴着有色眼镜歧视某人。大家都是同事，是企业的一员，没有什么高低贵贱之分，有的只是分工不同。如果见到比自己职务高的人就吹捧，见到比自己职务低的人就贬低，只会遭到大家的鄙视。

企业中挨骂最多的就是中层干部，因为老板很少直接去批评员工，都是批评中层干部。但是你不要苦恼，也不要抱怨，要学会不断地充实自己，要学会"在职场中修行"。

领导若区别对待，要泰然处之

中国人的特性是总觉得别人对自己不公平。那么，什么是公平？西方人的公平就是大家都一样；中国人的公平则是"我特殊"。天下哪里有公平可言，每个人所处的位置不一样。比如老板出去时一定要找几个人陪他，而且要走在中间，讲话的声音也比别人大，就是为了表示"他是老板"，让别人不要小看他。再比如在餐厅或一些公共场合，有的人讲话声音很大，其实他只是在对外发出一个信号：我是了不起的人，你不要小看我，你不要惹我，惹我我会生气。

西方人讲话，你要听内容；中国人讲话，不需要听内容，有的人只是对外发出上面所说的那种信息而已，没有什么内容可言。一个人讲话的声音很低,很可能是他目前的形势不如别人;而有的人讲话声音特别大,就是因为他目前过得很得意,目中无人。

所以,即使在同一件事情上,中国人有时候会大声讲话,有时候则会小声讲话,无论是干部还是普通员工都要去好好了解,好好运用。同时也要明白,任何人都不能做到公平公正,领导也不例外。而且每个领导都会有自己的小圈子,亲疏有别,对下属区别对待也是情有可原的。所以你应该正视这一现象,只要领导不是存心偏向,你最好泰然处之。即使领导处处偏袒他人,你也不能心生怨恨,而要想想是哪些原因造成的。

中国人的大圈子里有小圈子,这一点一直被外国人诟病,其实这并没有错。小圈子就叫作"班底",每一位领导的管理幅度都相当有限,如果不能组成"心腹知己"的领导团队,如何照顾得过来?班底有公私之分,建立公的班底理所当然,并没有什么值得大惊小怪的地方。

如果领导对下属一视同仁,会有什么结果呢?一视同仁就是以领导为核心,对待每一位下属都一样。领导若是刚上任,在不了解下属的情况之下,当然应该如此。某些领导一上任,就掉入差别待遇的陷阱,对亲朋故友采取比较信任的态度,不但给其他成员以"搞小圈子"的恶劣感觉,而且使这些亲朋故旧,得以有恃无恐地玩弄特权。结果形成"私的班底"，造成营私舞弊的不良形象，甚至把自己卷入不法的事件，以致上任不久，便被这些亲朋故旧抓住把柄而动弹不得——这都是"私"字在作祟。私的班底，千万不可为，必须坚持一视同仁。

若是一年半载下来，仍然坚守一视同仁的心态，组织成员就会觉得这位领导"好人坏人都不会分"，连最起码的判断力都没有，而且不具备办事的精神。因为办事的人，一定会依据办事的用心程度与效果评量，来区分各人的贡献度，并且给予不同的礼遇。物质报酬也许受到制度的限制，不便弹性分配；但精神上的礼遇，却可以依据各人不一样的表现，而有所差异。

反过来说，领导在一开始就采取差别对待的方式，大家就会怀疑他是依据哪些标准，也许原本就是成见、偏见在作祟，当然不服气。搞差别对待还容易形成小团体，搞党派之争。

所以领导者嘴上会讲一视同仁，心里想差别对待。逐渐按实际贡献和表现，将下属分为三层：最内层属于核心人物，领导以"没有你我会死"的心情加以礼待，给予他们特殊的照顾；中间层为"有也好，没有也好"的一般成员，如果他们不能再努力，提高贡献度，只能给予一般的照顾和客气的对待；最外层则为"早走早好"的待提高下属，若是他们不知自省、自律，就希望他们另谋出路，不要待在这里混日子。

你可以想一想，你的领导心中，这三个层次的人都有谁？领导是以什么标准划分的三个层次？你自己在领导的心中到底属于哪一层？如果你的领导站在公的立场，确实依据公共目标来考核，不夹杂私心，公正地区分下属，你就应该认同这种作风，这就是合理的不公平。

领导的班底，都是十分值得领导信赖、依靠的少数人。日本人宣称"企业由少数人维持"，中国人似乎把这一句话发挥得恰到好处，让少数有心而且用心的人士，构成坚强的第一道防线。这样的班底，有两个好处。

从领导的角度说，班底是领导的智囊团，可以帮助领导做出正确的决定。任何事情，领导在做决定前，可以先把自己的看法隐藏起来，当作腹案。将自己的腹案变成问题，用来征询班底的意见，让他们在互动中找出合理的答案，经领导核准后，再由班底去执行。领导越依赖班底，班底越奋发图强而提高可靠的程度，这才是良性的互动。另外，班底可以成为领导和下属之间沟通的桥梁。中国人有一些话不方便当面说；也有一些话，当面说反而无效，都可以通过班底来实现圆满沟通，实在有很大助益。

从下属的角度来说，班底具有很强的激励作用，而且对团队精神的提升十分有助益。大家因公（道）而结合，比较容易同心协力。班底，应该是经由工作表现来建立的。领导大公无私，头脑中根本没有"同"或"不同"的观念，只知道谁工作表现最好，人际关系最好，谁便是班底一员。打开了最内层的门，就能让更多的下属通过努力成为班底的一分子。当然，这种动作同样具有防患作用，使班底成员提高警觉，不但不能够营私舞弊，而且应该更加用心。

所以，即使你不是领导的班底成员，只要你贡献较大、配合度较强、主动性较高而且创造性较好，经由逐步考验，便可以一层层由外向内拉近，成为坚强可靠的班底成员。这种合理的不公平，"亲疏有别"，只要正视，没有任何不好之处。初看起来，对待自己人和外人永远存在一些差别，好像很不公平，实际上我们懂得"有时对外人较为客气，有些事则对自己人更为宽厚"的道理，只要合理，不公平也是大家乐于接受的。

合理的不公平，表示真正的平等；不合理的公平，反而是假平等，表面上一样，实际上不平等。自己人相处的时间比较长久，拉来扯去的机会比较多，取长补短的程度也比较深。外人相处的时间往往比较短暂，拉来扯去的机会比较少，而取长补短的程度也由于关系不够深，相对比较浅近。这样比较起来，自然明白中国人对外人有一套衡量标准，对自己人另有一套衡量标准的道理。各有不同的标准，当然也是一种标准。

如果你想通这个道理，对于领导的差别对待，自然心平气和。同样是经理，老板会特别尊重少数几位，不会一视同仁；同样是经理，老板一有事，就会想到某个人而不是想到其他什么人；同样是经理，老板一开会，一定会问他有什么意见，而不会问其他人。这些都是很正常的。如果你接受不了，努力使自己成为这个人就行了。

这个人实际上就是地下领袖——非组织的领袖，做到这一步其实也不难，只要有些事情你做到了，其他就很容易。做到这一点，要看年龄、资历，还要看声望。同样是各部门的主管，他们之间也有高低之分，不可能一般高，就像十个指头还不一般齐一样。

一般来说，最后决定某件事时，老板都会问一个人。那个人是谁？那就是财务经理。我们都有这样的经历——我们的计划老板很赞同，最后一问财务经理，他说"没有钱啊"，于是这个计划极有可能就此搁浅。

所以，你要做任何事情，要先去跟财务经理打交道，找到财源，你才能讲话；不考虑财源，你即使有天大的本领也没用——很可能他一句话就把你的整个计划全否定了。

有能力时真心帮助其他同级

同级之间存在一个严重的问题。比如，公司出现了一个空缺职位，每一个人都肯定想办法表现——得让大家看到自己的优秀，才能得到提升啊！

中国人有句话叫"小时了了，大未必佳"，用在公司，同样适合。一个人刚进公司的时候，升迁很快，到了某一个层次，却永远没有升迁的机会了，这样的人很可怜。开始的时候升得慢一点，以后再快升，最后往往会升得很高。

现实生活中，很少有那种一路上升得很顺利的人，除非他背景特别好，或者他根本就是老板的儿子——那是异类。凡是在公司"坐电梯"升迁的人，一般都很孤单；真正稳扎稳打地做到高层的人，是走"螺旋梯"上去的，这个人会立于不败之地。

那么，一个人与同级在一起工作的时候，要不要显得自己很出色呢？

一个人要显得出色，就是会照顾别人；有能力照顾别人，说明你已经很出色了。这是两句话，也有两层不同的含义。

第一，你会照顾别人，说明你有思想、有意识，在现在流行竞争说法的环境里，能够多去顾及别人、顾及同事，这个人的境界很高——有大局观念，很出色。

第二，你有能力照顾别人，讲的是能力。同事之间做同样的事情，你不但自己可以做好，还有余力去照顾别人，说明你有能力。

有一句老话叫作"心有余而力不足"，是指一个人有帮助别人或者做较高层次的事情的想法和愿望，能力却达不到。

而一个会照顾别人又有能力的人，既有较高的境界又有很强的能力。这样优秀的人，离升迁还会远吗？

一个人懂得识大体、顾大局，懂得关照其他人，就初步具备了一些做领导的品性，就具备了升迁的条件。

标榜自己的人叫孤芳自赏。中国人要考虑提升一个人，不是很单纯地考虑他有没有能力，而是考虑他有没有领导者的习性和特质。把部门交给一个极有可能把它领导得乱七八糟的人，那怎么行？领导要的，是能够得到大家的心而不是个人的满足。

另外，一个人有没有升迁的希望，是由高层来决定的，而不是由基层来决定的。高层一定按照自己的标准来选择，你的思维越靠近高层，你的机会就越多。所以，你不能巴结，不能讨好，但是要顺应。如果一个人能够得到升迁的机会，一定是他有能力和同级相处，甚至是给同级一些帮助。

所以，能帮忙时你要尽量帮忙。同级想求得你的帮助时，你愿意帮他，也帮得很好，这是跟他们搞好关系的一种方式。而且聪明的老板自然会知道这种情况，用不着你多说。我们常常把老板叫作"头儿"，其实很形象。头最要紧的就是耳目，老板耳目多得很，你一动，就会有耳目告诉他。什么时候老板已经可以不在你旁边放耳目了，你就可以放心地去做事了。

帮助他人也要小心，一旦不当，就有可能招来话柄。为了帮忙而帮忙，只会令人怀疑你动机不纯。

　　学校的书本永远是东抄西抄的，你一定要从实践里提炼出一些东西来，那些东西才是有价值的。一个年轻人，只管照老板吩咐的事情去做，这只是初步的基础而已。有余力的时候，你就应该多帮忙。当然，若是你没有做好本身的工作，却老去帮忙，那是不应该的。先把自己的工作做好，让人没有挑剔，那才是做好，只要让人能够挑剔，那就是没做好。

　　中国人比较喜欢无心的动作，害怕有意的阴谋。有意的，我们都称其为阴谋，想尽办法让大家对他有好感，想尽办法使大家欢迎他，我们认为这不是和谐。和谐是彼此尊重，大家互相信任，谁也不想着要抓机会表现。

　　帮助他人，不要持着"我很高尚，你要感谢我"的态度，也不要过于高调，那会使得别人认为你是"有意帮助"，只是想夺取他人的好感而已。这就会招来无谓的话柄。

第九章
干部的自我提升

不断地修身养性

中国人往往喜欢走一条路——往上走的路，因为我们追求天人合一，所以必须不停地提升自己。《大学》一书中讲道，"修身、齐家、治国、平天下"，好像什么都讲了，但是其中没有"立业"这个项目。一般人都会想修身、齐家、立业……又或者立业再齐家。而《大学》中却将"立业"去掉了，这就值得我们去深思。

职场，占据了人生中大部分的时间，可是《大学》居然把"立业"这部分剔除，就是在告诉我们，职场是工具，不是目的，做任何工作都仅仅是个过程，一旦过去了，就没人记得你。我常常问别人是否知道中国历代有几个皇帝，大多数人答不出来。一般人的反应是："那关我什么事？又不是我爸爸当皇帝，我爸爸当皇帝我当然知道，别人当皇帝，我才懒得理呢。"连以前坐拥天下的皇帝都没人记得,何况普通人呢。记住,所有的功劳,最后都是被人家一笔勾销的。

你看,我们平常用的很多东西谁发明的?不知道。你去问别人,他说不知道,是给你面子,不然根本懒得理你,因为你问的问题太无聊。所以很多人老觉得自己应该建功立业。其实这句话解释错了。所谓的功,是对大众有公益,但是人家不一定记得你。人们记得秦始皇修建万里长城,可是整个修建过程,我们早忘得一干二净。因此,我们有功劳也没有用,加薪也没有用,升官也没有用,什么都无用,这是中国人最了不起的一点。我们一生只做一件事,就是不断地修身、齐家、治国、平天下。

很多人一直觉得奇怪,谁在平天下?谁有本事平天下?其实,我们每一个人都在平天下。走在路上,有外国人来问路,你友好指路的表现就是"平天下"。人们出国,给当地居民留下好印象,也是"平天下"。所以你要会读古人的书,你才会长知识,才会增加智慧。

至于如何修身,包括干部、员工在内的被领导者都应该好好学习。如何修身共有三个要点。

第一,定好目标。

人生最要紧的是什么?修治自己的品性,这是最根本的。但是修己不是为了自己做圣人,而是为了一家人能够处得很好,所以一个人要站在齐家的立场来修己,你修得跟家人格格不入，算什么修己？我们讲"家和"，就是说你不能太特殊，儿子比父亲强，那又如何？你在外面可以特殊，在家里不能特殊。

齐家的目的是治国。所以你要站在国家的角度思考问题，将自己培养成国家需要的人才，接着培养子弟。修身、齐家、治国是连在一起的，从来没有间断过，而一以贯之的，就是两个字——品德。

我们只有目标，只有方向，我们应该不断地提升自己。提升自己不是靠业绩，业绩是确保你持续不断地提升自己的一个条件。我们是靠跟同事互动、跟外界人来往，然后靠我们的利润、绩效来维持职场的，可是这些都不是目的，目的是我们的品德随着年龄不断地提升，修养越来越好。这样一来，我们即使老了以后也不会孤单，被家人遗弃。

老天让一个人越老越丑，是有道理的。世上没有一个人能例外，都是随着年龄的增加，变得体力衰减，鸡皮鹤发，口齿不清，记忆衰退。为什么老天要跟人类开这么大的玩笑？其实，老天自有安排，如果老天让我们越活越好，那我们就不需要努力了，天天混日子就可以了。于是老天告诉我们：你们也有老去的一天，看看那些老人家，你们的未来就是他们！

我经常问一些干部，他们现在最担心的是什么，最在乎的是什么。他们说："我最在乎的是，我退休以后，我的这些员工还认不认识我。"能这样说就了不起了。一个干部做得好不好，不是看在位的时候，在位的时候人家总是给你面子，不会给你难堪；我们可以从其退休以后的状况审视这个问题。我亲眼看过，今天是总经理，明天换了一个字，变成"总不理"——谁都不理你了，本来认识也假装不认识，看到就躲，那人就很凄惨。

我最喜欢做的事情就是陪已经离开单位十年以上的人回原单位，去看大家跟他互动的状况，我就知道他做人成功不成功。

人在位的时候，很难分辨大家对自己的感觉，只有退位之后才看清一切，长叹一声"啊，原来是这样"。但是，这时再后悔已经来不及了。所以我们探讨领导者与被领导者的关系，就是提醒大家，虽然站在不同的岗位，担任不同的工作，但是目标只有一个—— 提升自己。但现在的人都想目标只有一个——赚钱，那就想岔了。

人就得不停地提升自己，但是我们只有目标，只有方向，不能有固定的愿望，否则会折磨自己。你总有一个里程碑，不断提醒自己要突破，那真的太辛苦。

第二，审视条件，做好选择。

我们需要找到一条海阔天空的路，让自己可以随遇而安。孔子告诉我们，尽人事，听天命，就是这个意思。尽人事，自己能做到什么地步就做到什么地步，心安理得，毫无亏欠，根本不需要自责、后悔，这是最好的心境。

人成长的过程是先开智慧后长知识。

一个有智慧的人，知识越多越好，因为他会善用，用得有效；一个智慧没有开启的人，到处去学，学到最后变成"两脚书橱"，只是会行动，什么都不会用。很多人陷入这样一种状况中：嘴巴讲的都不是自己心里的东西。

一个人如果智慧不开的话，就会在没有选择能力上表现出来。我们从小就要选择自己的未来，而不是什么坚定意志，做自己的事，因为每个人条件不一样。比如你想成为世界长跑冠军，别人看了都会摇头，因为你不具备那样的身体素质。那你立志有什么用？不可能就是不可能，那是有条件的。

人们都应该问问自己："我应该选择什么，我的条件怎么样？"凭现有的条件，所能选择的是有限的。选错了，超出这个范围，皆是徒劳无功；选对了，就会事半功倍。能不能够发展对我们来说无所谓，能够在很少的外物困扰里，有更多的时间来修己，就行了。老板为什么要选对行业？为什么要选对人员？为什么要掌握机会？为什么要提高绩效？为什么要降低成本？这些都是工具，都是过程。可是有了这些以后，老板就有更多的时间来修己。

第三，一切正当。

人类共同的、最高的信仰就是道德。当道德不见了，社会才会讲仁义；当仁义不见了，只好讲理智；现在连理智也没有了，只有讲信用。仁、义、理、智、信，信用是最糟糕、最低端的东西，信用再一破产，人就什么都没有了。现在的人们内心里只剩下一个最可怜的信用。社会上到处都提倡诚信，你就知道我们离道德太远。

现代人要慢慢恢复：把信用当作必备的条件，而不是自己的优势。当信用变成优势的话，其他的就全没了。所以包括干部在内的被领导者面对自己的领导，不要强调自己有信用，而是讲礼和智——我要守礼，我要把我的智慧变成你的。只有把大家的智慧集中起来，才是有福同享，如果每个人都把智慧藏起来，结合不起来，迟早是有难同当。

领导者和被领导者要体现仁义，领导者要仁，被领导者要义，仁是上对下，义是下对上。老板可以拍拍干部的肩膀说"辛苦了"，可是没有一个干部可以去拍老板的肩膀，说"您才辛苦"，可见是有分别的。义就是正当性，被领导者的所作所为，在公司讲起来，都是正正当当的，在整个社会讲起来，也是正正当当的。但是有一天连仁和义都不讲的时候，道德就体现出来了。

当每一个人把守信用当作理所当然的，没有什么好讲的，把个人的智慧贡献给全社会当成理所当然的，也没有什么好讲的，以至于仁义也是再正常不过的，我们就能够感受到，那就是道德。什么叫作道德？道就是宇宙运行的那只看不见的手，春夏秋冬，四季更替，也没有人在负责指挥，你见过有哪家公司是专门管气候的？到现在还没有，幸好没有，有的话就惨了。若是真有个气候管制公司，所有人都被它操控，那还得了？四季更替是很自然的，是大自然的规律，就叫作道。人还未出生道就存在，人们尊重宇宙的规律去做自己的事情，讲自己该说的话，而有所得，那就叫德。德是离不开道的，没有道哪里有德，你按照道理去做，就会得到修身的结果。

薪水多少，是变动的。有时候你碰到好老板，不一定赚得好工资，有时候你碰到坏老板，反而可以赚到钱。因此我们必须记住，一切正当很重要，正当到有一天你觉得本来就应该这样，不值得大肆渲染，不值得打广告，那便是道德，你就进入道德的境界了。

庄子讲过相濡以沫的故事，在水里生活着两条鱼，有一天水干涸了，它们只能把自己嘴里的泡沫喂到对方的嘴里，才可以活下去。有人觉得好感动。其实这是两条鱼最可怜的时候，有什么感动的？你为什么不想想这两条鱼为什么搞得这么可怜？就是因为水干涸了，如果有足够的水，它们根本就忘记了我要照顾你，你要照顾我。大家都有水的时候，谁也不需要照顾。

我觉得我们作为中国人是很自豪的，因为我们的老祖宗把所有事情都总结好了，我们只要会用，只要会领悟，就可以解决很多问题。外国的道理很奇怪，只能用一阵子，中国人学一套道理，可以用一辈子。

最后我建议，干部是领导者，又是被领导者，但是我们有共同的目标，就是要修己。修己就是把自己的德行变得越来越高尚。有些东西可以赚钱，但是赚了钱会害人，比如走私贩毒，我们绝对不能做，而且也不用标榜自己在做好事，那本来就是应该做的。我们中国人去帮人家的忙，一定要隐姓埋名，就是这个道理，因为本来就应该帮忙，有什么好彰显的？为什么要高调行善呢？这是很奇怪的想法。我们要默默地行善，不求回报，道理很简单：你要求回报的话，比如你今天给乞丐5块钱，将来有一天希望他还给你，等到他真的还给你5块钱的时候，你就是比乞丐还穷，这种回报你真的想要吗？其实很多东西是很容易理解的，只是大家没有去悟，总觉得不通。

所以当你帮老板的忙时，不要说你有特别贡献，要特别奖励；当老板去照顾员工的时候，也不可以说，"我对你这么好，你要有良心"。领导者和被领导者，你是你，他是他，你修你的己，他修他的己，只要方向对，总会修到一块儿去，因为天道只有一个。

我们一定要记住，尤其是中小企业，资源不足，人手有限，还有很多限制，要把你的员工都变成家人，变成家人以后，你就发现他们背后还有很多他们的家人，他们也会配合，那你的企业无形当中就会扩大很多。

很多老板会利用过年过节的时候，到员工的家里去拜访，我觉得这是非常高明的做法。很多员工是从外地来的，背井离乡，把一生最精华的时光都奉献给了公司，老板如果到员工的家乡，就要去看看他们家里的环境怎么样，那是完全不一样的。员工的家长会觉得很有面子：一定是我的孩子表现好，否则老板会来看我们吗？

这是中国的古老做法，在高度工业化的社会，人情味越来越淡薄的当下，这一招非常管用。因为我就曾经听到几个家长很感动，说："老板那么忙，还来看我们，所以我就再三交代我的孩子，不要对不起老板，不要对不起公司。"这是一股很强大的力量。当然，不要存心如此比较好，否则就是作秀。每个人，只做应该做的事情，至于别人你要怎么样反应，不干预，这才是正确的。

获得下属的支持

干部如果得不到下属的支持，就会成为无源之水、无本之木，不但失去立足之地，也得不到领导的认可。

任何工作都是通过下属完成的，如果想获得下属的支持，就得善待下属。但善待不意味着讨好，并且，干部要明白自己的立场，不能一味地偏袒下属，更要维护公司的利益。有些干部为了收买人心，置公司的利益于不顾，一味地纵容下属，其结果只会是两败俱伤。干部善待下属，应该表现为在平日的工作和生活中与他们处好关系，使他们成为自己强有力的支持者，做自己的坚实后盾。

干部对待员工，要像父母对待孩子一样，除了关心，还得管。干部的一大职责，就是配合老板管理员工。所以要懂得将"红白脸"管理哲学用到工作上，老板要唱"红脸"，而自己则要唱"白脸"。在管理员工的时候，老板往往以好人的面目出现，你要主动承担坏人的角色，这样才能双管齐下，恩威并施。不过你要记住，当坏人只是为了配合老板，只能相对地坏，而不能绝对地坏，若是狐假虎威，只会让员工不满甚至心生愤恨，根本达不到管理的目的。

而且你根据自己的地位不同掌握好分寸，一般来说，地位越高，越要"凶"一些，地位越低，越要"柔"一些。因为你地位低，与员工接触的时间比较长，若是太凶，就会让员工反感。如果员工在工作中受了委屈或有不满的情绪，你要能够安慰员工，让员工感到你和他们是站在同一条战线上的。因此，你要认清自己的职责，当坏人不是目的，而是一种手段，只是为了管理甚至惩戒，而不是为了压迫员工。

一些干部之所以只愿"唱红脸"，不愿"唱白脸"，就其主观愿望来说，是想"落个好名声"，留个人情。这种想法并不完全正确，因为一味地追求好名声，将所有的"坏事"都推到老板身上，最终老板只会忍无可忍，将你"除掉"。老板为什么用你？不就是想让你替他解决问题吗？如果你怕麻烦，怕做恶人，把坏事、恶名都推给老板，要你何用？

你要尽职地履行工作职责，不要把所有的问题都推到老板身上，而应该树立一种观念——该管的事情，要依照制度把问题解决掉，然后把做好人的机会留给老板。

但是，并不是说你时时都要当坏人，因为你自己也要做人，如果整天板着一张脸，谁还愿意与你共事？你是老板的传声筒，老板的很多意见要通过你来传达，老板把很多自己不好开口的"丑话"都推给了你，你如果不提高自己的沟通与协调能力，就没有办法管理员工，因为你一天到晚下命令，迟早会引起大家的反感，甚至有人会说你"拿着鸡毛当令箭"。

沟通就是好好商量，中国人不重视"谁应该听谁的"这个问题，而重视起码的尊重，就是说，我讲的话你不一定要接受，但你一定要给我相当的尊重，你尊重我，就算不接受我的意见，我也会很高兴。

协调能力是指你要能够整合下属，使大家相处融洽，这很不容易。若是下属之间产生了矛盾，你帮了这边，那边就会反感你；你帮助那边，这边就会记恨你。所以，你要同时安抚两边的人。但是真正能处理好这件事，顺利摆平的人并不多，最后只好妥协，而妥协并不是好办法。如果下属起了冲突，最好的办法是把两个人都叫到自己面前，让他们当着你的面争论，但是这期间你不能说话，一说话，他们就会怀疑你偏袒对方，最后的结果是他们都怨恨你。但是如果你一直不说话，就会给他们施加一种无形的压力，在这种压力下，他们就会自动各退一步，慢慢找到一条解决之道，结果皆大欢喜。

一般情况下，只要你"坏"得不过分，下属对你多半是持支持态度的，因为中国人"不怕官，只怕管"，若跟顶头上司处不好，即使有再大的本事也没有施展的机会。在这种优势下，你若是还得不到下属的支持，一定要自我反省。

如果你让下属感觉到你只是单纯地利用他们，而一点都不关心他们，更有甚者，让他们感觉到你是牺牲了他们来成就自己，不但加重了他们的工作，还要把功劳抢走，那么，下属不仅不会支持你，还会处处与你作对。

不要忘了你身为部门的干部，是代表了整个部门，如果你表现得好，说明你的部门表现不错，你的成绩来自部门的业绩。同样，你受到赏识，说明你所率领的团队整体表现良好。所以，不要对上对下都亲力亲为，如果在老板面前努力表现，回来对着下属也事事都要管，久而久之，精神和身体都会支撑不住。

你的下属愈主动积极，你愈省力；你愈自动奋发，老板愈省事。容许下属表现，你才有时间、有精力在老板面前表现；获得底下人的全力支持，站在上面的人，才有大展宏图的可能。

平时对员工关怀备至，在原则问题上立场坚定，在关键时刻则敢做敢当。这种刚柔相济的管理方式，会使下属既尊敬又畏惧，更会"乖乖地听话"，忠心地支持你。

赢得领导的认同

中国人之间的人际关系很微妙，很多事情不能说出口，否则只会得到相反的效果。干部要想有前途，要想得到领导的赏识，只能让他感觉到你心中有他，心意要靠"心"的交流，只能意会，不能言传。当然，其他普通员工也是如此。

用行动来表明心迹，不能口头保证。中国人不太相信口头的承诺，却相信自己的感觉。

干部要能够用行动对领导表明"我对你忠诚"，赢得领导的认同，只有这样，才有升迁的可能。

很多干部能力出众，但下场并不好，就是因为距离领导太近，遭到了领导的猜疑。其实领导有这种心态十分正常，人心隔肚皮，谁敢保证自己的亲信绝对不会心怀不轨？而干部看过很多"飞鸟尽，良弓藏；狡兔死，走狗烹"的故事，当然也是心生恐惧，不敢不随时防备。

这样的冲突矛盾在老板与高层干部之间更为激烈。因为两者的关系最近，能力也相差无几，稍有不慎，高层干部就可能推翻老板，取而代之。因此，老板在挑选高层干部的时候最谨慎。比自己强的不行，比自己弱的也不行。

很多人好不容易升到高层干部的位置，最后却被老板赶走，其实就是因为他们常常抢老板的风头，自己成了主角，让老板成了配角。所以，高层干部在领导面前应该谨言慎行。中国有句话，叫"伴君如伴虎"，就是形容他们的处境，一不小心就会说错话，一说错话就损失惨重，而职位越高越输不起。若是公司资金短缺，发不出薪水，基层的员工能够发全薪，而高层干部基本上只能发1/3。因为拖欠员工工资，员工马上就会离开，而高层干部不敢轻举妄动；员工随时可以找到相当的职位，而高层干部辞职后很难找到同样的职位。会当高层干部的人，一看到公司发不出薪水来，就应主动要求减薪，这才是比较圆融的做法。因为你越是要求减薪，领导越不忍心不发给你。

在老板面前很弱，老板不在时很强，这样的高层干部才是最厉害的。高层干部要学会做功臣。看了历史上雍正杀年羹尧的故事，大家不免会问：如果所有的功臣最后都被杀了，谁还会去做功臣呢？其实，我们应该换个角度来思考这个问题，比如韩信确实被汉高祖杀了，可萧何却没事，因此问题不在于汉高祖会乱杀人，而在于下属如何做功臣。

同样是功臣，只要不威胁到皇帝的地位，你就不会有杀身之祸，但是如果哪一天皇帝认为你有威胁，你就可能会大祸临头。萧何、韩信就是这两个方面的典型代表。

韩信之死，除了他功高震主之外，最为重要的是他不服刘邦。其实刘邦并没有把他身边所有的人都杀光，比如萧何、陈平等就能继续生存。要论才能，他们未必比韩信强，可他们都对刘邦俯首帖耳，这是让刘邦最感到舒服的。韩信反其道而行之，结果可想而知。

功高震主，死得快，而且不会有人同情你，因为你得罪的是领导。

干部要懂得感谢老板。我曾问过很多人："凭什么要感谢你的老板？事情是你做的，责任是你承担的，市场是你开拓的，所有一切都是你在谋划，都是你在做，老板应该感谢你，你还要感谢老板什么？"这个问题很多人答不出来，我的回答是：你要感谢老板给你这个机会。

孔明就是这样，他感谢刘备给他提供了一个机会。如果他没有碰到刘备，很可能默默无闻，最后老死在家乡，所以，刘备的赏识改变了他的一生。

世有伯乐，然后有千里马，千里马常有，而伯乐不常有。我常常讲，像孔明这样的人并不稀奇，世世代代都有，难得的是能碰到刘备，所以，刘备比孔明更了不起。

孔明得到刘备的赏识，他心存感激：刘备对我这么好，全力支持我，完全授权给我，我能不全力以赴吗？所以无论如何，他注定要为刘备鞠躬尽瘁、死而后已了。

很多干部说："我在千辛万苦的时候，老板对我很客气；一旦事情做好了，他就翻脸不认人了，给我难看，存心叫我走。"其实，出现这样的情况，多半是因为你太过自傲，老板不得不叫你走。有人很喜欢在喝茶、喝酒的时候对外人吹牛："我们老板的事情，我说了算……"其实这是自找麻烦。这句话如果传到老板耳里，你事后再怎么解释都没用，那是你自己闯的祸。别人若是拍你的马屁说："你真有办法，不愧是老板面前的红人啊！什么事都是你说了算。"你一定要摆摆手，说："绝对没有这回事，我事事都要请示老板的。"

所以，当一个人越有成就的时候，越要像麦穗一样低头，这就是谦虚——把功劳让给老板，自己就平安。

与领导共同晋升

升官发财，在中国人心目当中，永远是合在一起的。所以很多人都热衷于升迁。我认为，还是不要太过于企盼升迁比较好。人很矛盾，当基层干部的时候也许很愉快，但是升到了经理的位置上，就会把自己搞得焦头烂额，这是最大的苦恼。其实，一个人若是保留一些弹性，才会海阔天空。

特别是你升到了副总的位置上，就绝对不能表现出有升迁的意愿，因为你已经是"一人之下，万人之上"，若是还要升迁，莫不是要赶走老板？事实上，最后被赶走的往往是你自己。当副总的人一定要小心翼翼，一不留神就会犯了老板的忌讳。

胡雪岩曾拒绝过升迁，他原来是业务员，后来升到业务经理。他的业绩一直很好，所以老板就想升他为副总，但他拒绝了。老板很奇怪，职位高了，薪水也多了，为什么不干呢？胡雪岩说："如果我当了副总，就不好意思常常跑出去谈业务，会失去很多机会与关系。而且少年得志，会限制我的成长，不如在外面跑业务，可以丰富见闻，拓展人脉，对我的成长也有帮助。"

塞翁失马，焉知非福。升迁固然是种收获，不升也未必是一种损失。关于升迁，我有两个看法：

第一，若是公司里的每一个人都能快速升迁，就等于没有人升迁。

第二，你有机会的时候，不一定要把握。有人会说，机不可失，时不再来。其实不然，如果表现得好，以后还会有机会。你现在把机会拱手让给别人，说明你的涵养好，对你不见得有坏处。别人升职，若是做得不好，你可以吸取他的教训；若是做得好，你可以吸收他的经验。初看起来，是别人抢了你的位子，实际上他们做了你的"探路石"。另外，争强好胜的人，往往会引起别人的戒心，结果只会因小失大。

干部和其他被领导者应该这样看待升迁：不给我的不强

求，给我的当仁不让。不去拜托领导，但希望领导能够主动想起；我可以谢绝，但是领导不能不考虑到我，否则多么没有面子；我不一定要升迁，可是面子不能不顾；我不在乎让给别人，但至少要尊重我一下。如果连这些基本的动作都没有，那未免欺人太甚，过分看不起我了。

一般来说，你有晋升的机会，不外乎几种情况。其一，你因为平时的表现，被老板看在眼里，等你的上司被撤换时，你得到晋升。这种机会不是没有，但是一辈子大概只有一次。因为你挤走上司的事实张扬出去，大家会对你避之唯恐不及，将来还有什么公司，敢重用你这种人？"恶名"远播的结果，是这辈子再也找不到愿意关照你的领导。这种情况已经很不幸，更不幸的是，你的老板想把你的上司挤走，于是把你当枪使，等你的上司走了，再回过头把你"干掉"。其二，不是顶替自己的上司，而是调到平行单位，与原来的上司平起平坐，这样做机会相当多。但是，做起事情来，毕竟因为他是你过去的领导，不尊重他不行，这样就显得你不敢放手去做。其三，把自己的功劳让给上司，上司若是功业显著，一路顺风顺水，不断高升，当然愿意把你也带上去。这种情况，实在是上上策。因为上司心里明白，他之所以快速晋升，主要是你的功劳。这时，他肯定希望以后事事顺心，为了好好表现，而又不必顾虑让你夺去功劳，自然是把幕后功臣继续延揽重用。

事实上，你要抢上司的功劳，未必抢得到，而且往往不得善终。不如大度一些，干脆把功劳让给他。他心里有数，自然反过来照顾你，岂非两全其美！追随这种强有力的上司，共同晋升，是最有效的升迁途径。

然而，这样的上司可遇不可求，遇不到这种机会，一点办法也没有。遇到弱势的上司，你就得不到强有力的支持，也很难在他晋升的时候获得顺理成章的升迁。但是，在背景不够强的环境中，你才能够真正磨炼自己，使自己更加机警稳健，就算必须竞争才有升迁的机会，也是"成败操之在我"，总是值得自豪的。

上司平调或退休，多半是可以预见的。退休的年龄，成为有关人员共同注目的焦点。平调的上司，则是专长不合的一种迁移，明眼人看得相当清楚。这两种情况，必须及早准备，届时瓜熟蒂落，自然成功。

不论哪一种类型，不管情况如何，在决定的关键时刻，总免不了一番争夺。尽管不争之争很早已经开始，最后关头，走势明显而白热化，最少也要让老板对自己加以考虑，才算真正达到"不争之争"的目的。

就算真的争不到，也无须灰心失望，有些人失败之后会成功，有些人则失败之后不会成功，为什么？因为有的人遭遇了失败却不怨天尤人、乱发牢骚，反而好好检讨自己，进而充实自己，等待下一次机会的到来。至于那些失败之后便归罪于别人，认为自己受了委屈、吃了大亏，到处发牢骚的人，就算还有下一次机会，他也把握不住，自然无法得到成功的果实。

未能获得升迁，不见得一定是坏事。准备得不够充分，升上去势必难以胜任，徒然增加痛苦。坦然地接受失败的事实，洒脱地微笑说："我会好好工作，以后还请多多提拔。"这种"看得开"的态度，必然为他将来的升迁带来良好的契机。若是强词夺理，咄咄逼人，老板反而庆幸自己没有升错人，暗中告诫自己，这人"看不开"，最好不要招惹。

不管是领导者还是被领导者，其实都要谨记四个字——慎始善终。一个人记住慎始善终，追求人安己安，别人安我也安，就可以了。不要对自己要求太高，但是，也不能放弃对自己的要求。这两者看起来似乎矛盾，其实，我们要求自己每天有一点进步就可以了，不要把自己逼得无路可走。